CONTRATO A FAVOR DE TERCEIRO

DIOGO LEITE DE CAMPOS

CONTRATO A FAVOR DE TERCEIRO

ALMEDINA

CONTRATO A FAVOR DE TERCEIRO

AUTOR
DIOGO LEITE CAMPOS

EDITOR
EDIÇÕES ALMEDINA. SA
Av. Fernão Magalhães, n.º 584, 5.º Andar
3000-174 Coimbra
Tel.: 239 851 904
Fax: 239 851 901
www.almedina.net
editora@almedina.net

PRÉ-IMPRESSÃO | IMPRESSÃO | ACABAMENTO
G.C. GRÁFICA DE COIMBRA, LDA.
Palheira – Assafarge
3001-453 Coimbra
producao@graficadecoimbra.pt

Janeiro, 2009

DEPÓSITO LEGAL
288225/09

Os dados e as opiniões inseridos na presente publicação
são da exclusiva responsabilidade do(s) seu(s) autor(es).

Toda a reprodução desta obra, por fotocópia ou outro qualquer
processo, sem prévia autorização escrita do Editor, é ilícita
e passível de procedimento judicial contra o infractor.

Biblioteca Nacional de Portugal – Catalogação na Publicação

CAMPOS, Diogo Leite de, 1944-

Contrato a favor de terceiro
ISBN 978-972-40-3710-3

CDU 347

PRINCIPAIS ABREVIATURAS

A.	– Assicurazioni
ACP	– Archiv für die civilistische Praxis
Arch. Giur.	– Archivo Giuridico «Filipo Serafini»
BBTC	– Banca, Borsa e Titoli di Credito
BFD	– Boletim da Faculdade de Direito de Coimbra
B.G.B.	– Bürgerliches Gesetzbuch
B.M.J.	– Boletim do Ministério da Justiça
C.T.F.	– Ciência e Técnica Fiscal
Enc. Dir.	– Enciclopédia del Diritto
Enc. Giur.	– Enciclopédia Giuridica
Foro It.	– Il Foro Italiano
G.C.C.C.	– Giurisprudenza Completa della Corte Suprema di Cassazione – sezione civile
Giur. It.	– Giurisprudenza Italiana e la Legge
Noviss. Dig. It.	– Novissimo Digesto Italiano
Nuovo Dig.It.	– Nuovo Digesto Italiano
R.D.C.	– Rivista di Diritto Civile
R.D.Comm.	– Rivista di Diritto Commerciale
R.D.Priv.	– Rivista di Dirito Privato
RDPC	– Rivista di Diritto e Procedura Civile
R.F. Dir. Lisboa	– Revista da Faculdade de Direito de Lisboa
R.T.D.P.C.	– Rivista trimestrale di Diritto e di Procedura Civile

CAPÍTULO I
CONCEITO, NATUREZA E EVOLUÇÃO

1. Noção

Estamos perante um contrato a favor de terceiro quando, por meio de um contrato[1], é atribuído um benefício a um terceiro, a ele estranho, que adquire um direito próprio a essa vantagem[2].

Esta categoria contratual exige, portanto, a presença de dois requisitos: a existência de um terceiro e a aquisição por este de um direito próprio a um benefício.

O terceiro, ou beneficiário, é estranho ao contrato celebrado a seu favor. Se puder, em alguma circunstância, ser qualificado de parte contratual, desaparece a figura de contrato a favor de terceiro para surgir, por ex., a de contrato plurilateral.

Partes do contrato a favor de terceiro são-no o promitente e o promissário. O primeiro é aquele que se obriga (promete) a realizar

---

[1] Não desconhecemos a possibilidade de alguém, em virtude de uma relação jurídica preexistente que o ligue a outrem («solvendi causa»), ou a título de liberalidade («donandi causa») para com esse outrem, atribuir, por meio de negócio jurídico unilateral, um benefício a um terceiro. Não trataremos, porém, destas hipóteses, em virtude da reduzida relevância que os negócios jurídicos unilaterais têm no nosso direito; também pelo facto de o regime dessas particulares categorias negociais se poder deduzir facilmente da regulamentação jurídica dos negócios jurídicos unilaterais e da dos contratos a favor de terceiro.

[2] Os autores e as legislações costumam incluir na definição a exigência do interesse do promissário. Não o faremos por duvidarmos, como veremos mais adiante, que esse interesse apresente especialidades, perante o normal interesse do credor e a causa, que mereçam esse realce.

a prestação (que transfere o direito, etc.). O segundo, o promissário (ou estipulante), recebe a promessa, atribui através do promitente o direito ao terceiro. São só estes, e não o beneficiário, que dão vida ao contrato, nele têm interesse próprio e suportam os seus efeitos.

Qualquer contrato que não tenha natureza estritamente pessoal pode ser celebrado a favor de terceiro. *A* celebra um seguro de vida a favor de *B,* ou expede ou deposita uma coisa a favor de *B; A* doa uma casa a *B* obrigando-se este a entregar certa quantia a *C.* Umas vezes os contratos são exclusiva ou principalmente a lavor de terceiro: seguro de vida ou renda vitalícia a favor de terceiro, compra a favor de terceiro, etc. Outras vezes, haverá uma simples estipulação em benefício de terceiro, integrada num contrato principal celebrado a favor das partes: compra e venda com pagamento de parte do preço a terceiro, depósito também no interesse de terceiro, etc. A estipulação em benefício do terceiro é um «pactum adiectum», o que não significa que as normas dos contratos a favor de terceiro se devam considerar inaplicáveis neste domínio.

A enorme variedade de contratos a favor de terceiro e a aparente diversidade que revestem, levam a crer na impossibilidade de uma teoria geral do contrato a favor de terceiro ou, pelo menos, na sua escassa utilidade, pelo seu carácter demasiadamente genérico e pelas poucas vezes em que seria aplicada. A riqueza dos contratos a favor de terceiro ultrapassaria quaisquer limites em que se pretendesse confiná-la.

Este ponto de vista desconhece, porém, em larga medida, as realidades da figura contratual em causa. Os diversos contratos a favor de terceiro têm suficientes pontos de contacto para permitirem a elaboração de uma doutrina geral da figura. Doutrina que servirá de elemento de compreensão e de unificação, por ser possível elaborá-la em termos suficientemente precisos.

A nossa lei (art. 443.º, 2 do Código Civil) admite os contratos a favor de terceiro com eficácia obrigacional (*A* obriga-se para com *B* a entregar cinquenta contos a *C*), liberatórios (A e B contratam a remissão de uma dívida de que este era credor de *C*) e com eficácia real (*A* e *B* convencionam a constituição de uma servidão sobre uma propriedade de *B* a favor de *C*).

Há que distinguir, sob o ponto de vista da sua regulamentação legal, dois grandes grupos: contratos a favor de terceiro nominados e inominados. Os primeiros, cuja importância prática impôs uma regulamentação legal própria, constituem núcleos autónomos. Os outros estão mais estreitamente dependentes das normas gerais da figura.

Uma das razões por que o contrato a favor de terceiro foi tão insistentemente chamado à cena no século XIX, residiu na necessidade de dar um estatuto legal a certas relações jurídicas que, exigidas pelas necessidades práticas e edificadas por obra da doutrina e da jurisprudência, reclamavam um quadro em que se inscrevessem.

Os casos cuja necessidade de enquadramento legal era sentida mais prementemente eram o do seguro a favor de terceiro, em geral, e o do seguro de vida, em particular.

O contrato a favor de terceiro foi usado para atribuir a tais relações uma disciplina jurídica e possibilitar a sua compreensão nos quadros da ordem jurídica constituída.

Mas de tal maneira foi utilizado que pode dizer-se que o seu uso se transformou em abuso. Na realidade, perdeu-se de vista o que era disciplina geral dos contratos a favor de terceiro e passou--se a atender só as necessidades especiais do seguro, conformando--se aquela teoria geral de acordo com as exigências deste.

Quer dizer: quase se ia perdendo de vista o significado «ecuménico» dos contratos a favor de terceiro.

Por outro lado, o seguro de vida, elaborada a sua disciplina própria, começa a afastar-se do tronco originário e, por isso, outro perigo desponta. Os autores, habituados a olhar o contrato a favor de terceiro em função do seguro, julgam que, com a «especialização» deste, a razão de ser daquele correria perigo. Mas não sucedeu assim, pois que as normas que se inserem sob a epígrafe do contrato a favor de terceiro têm sido usadas, em diversos países, para completar o regime de outros contratos, em virtude de exigências de justiça que não encontravam melhor apoio jurídico.

Deparamos porém, é necessário reconhece-lo, com um forte efeito centrífugo. Tão grande é a variedade dos contratos a favor de terceiro, tão consideráveis são a importância e as exigências de alguns e a variedade dos interesses a que correspondem, que se torna difícil encontrar algo de comum entre eles, definir uma teoria geral, atribuir um sentido juridicamente homogéneo à cláusula a favor de terceiro. Tanto mais que muitos dos contratos desta natureza são estudados como contratos especiais por autores desprovidos de uma noção clara das exigências de uma doutrina geral coerente desta categoria contratual.

A variedade e a frequência dos contratos a favor de terceiro são justificadas pela utilidade destes: através de uma só operação jurídica consegue-se uma dupla atribuição patrimonial – *A* é credor de *B* e devedor de *C* pela quantia de cinquenta contos; mediante a entrega por *B* dessa quantia a *C* satisfaz-se o crédito de *A* para com *B* e o de *C* perante *A*. De outra maneira, *B* teria de pagar a *A* e este a *C*. Economiza-se, assim, uma dupla entrega, obtendo-se à mesma um duplo pagamento[3]. Realiza-se, por conseguinte, uma economia de esforços, semelhante à que justifica a compensação de créditos. Afastam-se também, algumas vezes, numerosos incómodos e prejuízos: o promissário, no caso de seguro da sua responsabilidade civil, evitará nomeadamente a apreensão do veículo causador do sinistro, despesas com uma eventual acção judicial, etc.

Do mesmo modo se consegue, com um só negócio, a constituição (modificação, etc.) de um direito real a favor de terceiro. Caso contrário, seria necessário um novo negócio celebrado com o beneficiário. Ou obter-se-á a remissão da dívida de um terceiro estranho ao contrato de remissão, quando normalmente o devedor teria de dar o seu assentimento à remissão por meio de um contrato celebrado com o credor.

Estamos em crer, porém, que a diversidade dos contratos a favor de terceiro não impedirá a formação de uma teoria destes contratos, com interesse mesmo naqueles casos que, como o seguro, parece terem conseguido uma larga autonomia. As páginas seguintes dirigem-se à definição dessa teoria que, englobando o que é comum aos diversos tipos de contrato a favor de terceiro, servirá simultaneamente de meio de compreensão da sua disciplina e de linha directiva na elaboração e construção dos respectivos regimes.

---

[3] Para mais exemplos, vd. A. BLOMEYER, *Allgemeines Schuldrecht*, 1953, p. 286.

2. O objecto

O objecto imediato do contrato a favor de terceiro pode ter diversa natureza jurídica e os mais diferentes conteúdos económicos. Basta que a aquisição pelo terceiro seja de um benefício ou vantagem, de carácter patrimonial ou não, que corresponda da sua parte a um interesse digno de tutela. Pode ter por objecto a obtenção de um direito (real, de crédito, etc.) ou a valorizarão de algo já pertencente ao beneficiário. Também pode haver a eliminação de elementos negativos (cumprimento de uma dívida, extinção de um direito real limitado, etc.) ou o beneficiário pode ter poupado despesas que de outro modo teria feito (alguém sustentou o filho de outrem, quando caberia aos pais o dever de lhe prestar alimentos)[4].

A vantagem que é atribuída ao terceiro pode corresponder economicamente a uma prestação a que o promissário já era obrigado para com ele. Mas não pode ser juridicamente a mesma. Expliquemo-nos. Se A contrata com B que este entregará 100 contos a C, há três possibilidades: *a)* trata-se de uma liberalidade: a qualificação de vantagem não oferece dúvidas; *b)* A devia, e continua a dever, esses 100 contos a C; mas com o cumprimento por parte de B a sua divida extingue-se. Considerando a autonomia da obrigação do promitente em relação à do promissário, a qualificação de vantagem e, portanto, de contrato a favor de terceiro, também não oferece dúvidas[5]; *c)* A devia esses cem contos a C; B assume a dívida de A, passando a ser o único devedor; não se trata portanto de uma vantagem, não há contrato a favor de terceiro[6].

É igualmente necessário que se trate da atribuição de uma vantagem tutelada por um direito. Por outras palavras: de uma vantagem directa, pretendida.

---

[4] Cf. ANTUNES VARELA, *Lições de Direito das Obrigações*, 1967, pp. 363 e segs.
[5] vd., porém, o disposto no n.º 3 do artigo 444.º. Se só o promissário tiver o direito de exigir o cumprimento da promessa estamos fora da figura dos contratos a favor de terceiro (em sentido próprio).
[6] vd. infra n.º 7 (cap. II).

Suponhamos que alguém constitui uma servidão «altius non tollendi» a favor do próprio prédio. Os vizinhos beneficiam do «statu quo», embora não adquiram qualquer direito à sua conservação. A vantagem de que usufruem é indirecta, não foi visada pelas partes que não a tutelarem com qualquer direito.

3. Classificação

Distingue o Código Civil (art. 443.º) entre contratos a favor de terceiro com eficácia real, obrigacional e liberatórios. É desta classificação tripartida que passamos a tratar.

4. Contratos a favor de terceiro com eficácia real

O legislador português, consagrando a faculdade de as partes celebrarem contratos a favor de terceiro com eficácia real, veio evitar que entre nós se reeditasse a controvérsia existente em alguns países sobre a sua admissibilidade.

Não é de estranhar que na Alemanha se discuta a eficácia real destes negócios[7]. Efectivamente, o sistema da transferência imediata do direito real por mero efeito do contrato vai contra a tradição romanista que exigia a «traditio» e o «modus adquirendi», tradição à qual se mantiveram fieis certos ordenamentos jurídicos, como o alemão (§§ 873, 925 e 929 do B.G.B.), o suíço (artigos 655.º e 714.º do Código das Obrigações) e o grego (artigos 1033.º e 1034.º do Código Civil). O direito alemão requer, para a transferência do

---

[7] A jurisprudência é-lhe contrária. Entre os autores manifesta-se uma corrente favorável (HECK, *Verträge zugunsten Dritter,* 1949, pag. 148; Enneccerus-Lehmann, *Recht der Schuldverhältnisse,* 1954, pag. 142; Esser, *Schuldrecht, Allgemeiner und besonderer Teil,* 1960, pp. 410 e segs.) e outra adversa (HELLWIG, *Die Verträge auf Leistung am Dritter,* 1899, pp. 53 e segs.; WESENBERG, *Verträge zugunsten Dritter,* 1949, pp. 131 e segs.; WOLFF e Raiser, *Sachenrecht,* 1957, § 38, II, 3, pag. 120-1).

domínio sobre a coisa, um negócio de eficácia obrigacional seguido de outro de efeitos reais (inscrição no registo e (ou) entrega da coisa).

E as dificuldades aumentam quando o § 925 do B.G.B. declara que é ineficaz a «Auflassung» (negócio real) realizada sob condição ou com fixação de um termo. Sustentou-se que esta exigência é inconciliável com o § 333 do B.G.B. que permite a revogação nos contratos a favor de terceiro. A verdade, porém, é não haver nesta matéria a fixação de termo ou condição. Além de a adesão não ser «conditio iuris» no B.G.B., outras situações há de incerteza sobre o destino definitivo do direito (§§ 135, 142, 883 do B.G.B.)[8].

Deixamos em suspenso a resolução do problema no âmbito dos Direitos deste tipo, muito diversos do português. Passamos à sua apreciação nos sistemas da eficácia real do contrato.

l) Dois esclarecimentos prévios. Por eficácia real do contrato a favor de terceiro compreende-se tanto a possibilidade de transferir para o beneficiário um direito real pleno (a propriedade) como a de constituir a seu favor um direito real limitado (uma servidão ou um usufruto). Neste último caso, sem que tenha de se transferir para o sujeito a quem vai ser atribuída a propriedade ou a raiz, o inteiro feixe de direitos em que se consubstancia a propriedade, o que implicaria que fosse este último a constituir o direito real fraccionário a favor de terceiro.

Para que se fale de contrato a favor de terceiro em sentido técnico, necessário será também que não se exija a aceitação do terceiro para que este adquira o direito real. Este transferir-se-á, portanto, directa e imediatamente por efeito do contrato.

Posto o problema nestes termos, verificamos que, mesmo nos sistemas de eficácia real do contrato, a solução não parece evidente. Ou seja: nem sempre é líquido que o direito real se transfira directa e imediatamente, que o contrato (a favor de terceiro) disponha desta eficácia.

O contrato é definido no Direito francês como uma convenção pela qual uma ou mais pessoas se obrigam perante outra ou outras

---

[8] Cf. ESSER, *Schuldrecht*, cit., I, p. 410.

a dar, a fazer ou não fazer alguma coisa (art. 1101.º do Código Civil). O contrato é, portanto, considerado só sob a óptica da sua eficácia obrigacional. Isto embora se tivesse consagrado o efeito translativo do contrato, baseado no simples consenso (artigo 1138.º), precisando-se, quanto à compra e venda, que a propriedade é adquirida «ipso iure» pelo comprador, perante o vendedor, no momento em que se acorda sobre a coisa e sobre o preço (art. 1583.º).

Estas disposições foram transcritas quase textualmente no Código italiano de 1865 – os artigos 1101.º, 1138.º e 1583.º do Código Francês correspondem aos artigos 1098.º, 1125° e 1448.º do Código italiano, respectivamente. Não admira, portanto, que a doutrina italiana só muito relutantemente tenha abandonado a referência do contrato à sua eficácia obrigacional. Os ordenamentos francês e italiano acolheram o princípio consensualístico da transmissão da propriedade como uma sobreposição à noção de contrato fonte de obrigações. Mesmo actualmente, tanto os legisladores como as doutrinas dos dois países, embora tendo consciência da múltipla eficácia do contrato, utilizam numerosas vezes esta noção obrigacional, como se o contrato só fosse fonte de obrigações. Daqui resultam numerosas dificuldades que o legislador português eliminou, no domínio dos contratos a favor de terceiro, com o n.º 2 do artigo 443.º. Embora nos artigos seguintes se refira, para efeitos práticos, a prestação – o que não está, aliás, totalmente incorrecto dada a maior frequência dos contratos a favor de terceiro com eficácia obrigacional.

Na Itália, boa parte da doutrina apoia a eficácia extra-obrigacional[9].

---

[9] MESSINEO, «Contratto», Enc. Dir., IX-X, pp. 246 e segs., e Doutrina generale del contrato, 3.a ed., p. 405; GIRINO, Studio in tema di stipulazione a favore di terzi, 1965, pp. 139 e segs.; GIOVENE, «L'articolo 1128 del Cod. Civ. e la stipulazione a favore di terzi con contenuto reale», Foro It., 1939, IV, p. 273; SCHLESINGER, Il pagamento al terzo, 1961, p. 18, nota 21; Messineo, Manuale di diritto civile e commerciale, 1959, III, § 136, n.º 18, p. 659; DONADIO, «Contrato a favore di terzi», Nov. Dig. It., IV, p. 659; TALAMANCA, «Osservazioni sulla struttura del negozio di revoca», R.D.C, 1964, I, pag. 157; GIORGIANI,

Apesar disso, alguma da doutrina[10] – e muito embora o problema pareça ter ficado intocado pelo legislador[11] – vota contra essa eficácia no que concerne os contratos a favor de terceiro. Os argumentos apresentados não obtiveram grande êxito. Os de carácter exegético – observa-se que o Código Italiano fala de «prestação» (§ 3.º do artigo 1411.º o artigo 1412.º) ou que estabelece adquirir o terceiro um direito contra o promitente (o que parece pressupor um âmbito simplesmente obrigacional) – nada mais revelam do que imprecisões técnicas do legislador. Destas imprecisões o Código Civil português não pode ser acusado (o artigo 443.º claramente distingue os diversos tipos de contrato a favor de terceiro).

Contra a restante argumentação – os contratos a favor de terceiro estão colocados no Livro das Obrigações ou a aquisição pelo terceiro é abstracta e o direito italiano não permite os negócios translativos abstractos – pode dizer-se que todos os contratos, seja qual for a sua eficácia, se localizam no Livro das Obrigações; e, por outro lado, que a doutrina não é muito rígida quanto à referida inadmissibilidade que, embora reconhecida (artigos 1325.º, 2, e 1418.º, § 2.º), é flexível e admite excepções[12]

L'Obligazione, 1951, p. 64; CARIOTA-FERRARA, «Diritti pocestativi, rapresentanza, contratto a favore di terzi», R.D.C, Grosso e Dejana, Le servitiù prediali, I, 1963, pp. 501 e segs.; AZZARATI, F. S. e G., MARTINEZ, G., Diritto civile italiano, 1943, I, p. 706; Ravazzioni, La formazione del contrato, I, Le fasi del procedimento, 1966, pp. 350 e segs.

[10] MAJELLO, L'interesse dello stipulante nel contrato a favore di terzo, p. 133; MARINI, «Donazione e contrato a favore di terzo», R.T.D.P.C, 1967, p. I 101 e segs.; BIONDI, Le donazioni, 1961, pag. 956; SALVI, «La donazione cum riserva d'usufruto», Studi in onore di A. Cicu, II, 1951, pag. 424; Id. «Sulla costituzione di dote por testamento», R.T.D.P.C, 1957, p. 27, e Studi in onore di F. Messineo, 1959, I, pag. 498; TEDESCHI, Il regime patrimoniale della famiglia, 1956, pag. 98; BARASSI, Teoria generale delle obbligazioni, 2.ª ed., 1948, II, p. 453; TEDESCHI; «La natura della costituzione di dote da parte di terzo», Arch. Giur., 1934, CXVII, pp. 37 e segs.; L. COVIELLO Jr., «L'art. 1.128.º Cod. Civ. e la stipulazione a favore di terzi con contenuto reale», Foro It. 1935, IV, p. 240.

[11] Relazione al Ministro Guardasigilli del Libro del Codice Civile, «Delle obbligazioni», 1941, n.º 250.

[12] SCHLESINGER, Il pagamento, cit., pp. 24 e segs.; CARRARO, Il mandato ad alienare, 1947, pp. 81 e segs.; MALVAGNA, «La teoria del negozio astratto»,

Aliás, como veremos, o contrato a favor de terceiro é um negócio causal.

No nosso Direito, a constituição ou transferência de direitos reais opera-se por mero efeito do contrato (artigo 408.º do Código Civil[13]. Nesta orientação, o legislador entendeu que, também através de contratos a favor de terceiro, se podiam constituir, modificar ou extinguir direitos reais.

A compra com dinheiro próprio um prédio para os filhos, em cujo nome o regista; alguém, para beneficiar um vizinho, contrata com outrem a extinção de uma servidão que onera um imóvel daquele; etc.

Quanto ao registo não se levantam problemas especiais, por ele poder ser efectuado pelo terceiro ou a seu favor.

A circunstância apontada pela doutrina italiana de, nas hipóteses de eficácia real, o direito revogado ou rejeitado reverter normalmente para o promitente – *A* (promitente) constitui hipoteca a favor de *B* (terceiro), credor de *C* (promissário) – e não para o promissário, como seria regra, em nada contraria o nosso ponto de vista. Veremos que esta regra não é imperativa, é antes um simples juízo de normalidade razoável e, como tal, qualquer excepção de que seja objecto não é para admirar.

Acresce, em apoio da eficácia real, que não seria este o único caso de atribuição de um direito real sem acordo prévio do beneficiário: concessão de hipoteca por acto unilateral do devedor ou de terceiro[14].

Vamos, seguidamente, ilustrar com alguns exemplos os contratos a favor de terceiro com eficácia real.

R.D.C, 1935, I, p. 43; Gaspari, «Appunti in tema di negozi astratti», *Foro It.*, 1957, I, 1679; F. Ferrara, «Sul concetto dei negozi astratti e sul loro giuridico riconoscimento», *R. D. Comm.*, 1904, II, p. 281.

[13] Para apreciação do sistema da eficácia real e da meramente obrigacional, Galvão Telles, «Venda obrigatória e venda real», na *R. F. D. Lisboa*, V, p. 83, e *Contratos civis*, n.ᵒˢ 10 e 11.

[14] Art. 712.º e segs. do Código Civil; G. Gorla, «Delle ipoteche», *Comm. de Scialoja e Branca*, p. 481, art. 2.821.

SERVIDÕES – É geralmente aceite o contrato a favor de terceiro constitutivo, modificativo ou extintivo do direito de servidão[15].

No caso de rejeição ou revogação é evidente que o direito não se constitui a favor do estipulante, por ser um direito, não diremos «intuitu personae», mas «intuitu rei». Pressupõe ele a existência de dois prédios em determinada posição relativa; portanto, só muito excepcionalmente será intenção das partes, e não resultará da natureza do contrato, a reversão para o estipulante, por não ser ele proprietário de nenhum dos prédios aos quais se atende para a constituição desse direito.

Deste género de contratos o exemplo mais isento de dúvida é o de um proprietário convencionar com outrem a constituição de uma servidão sobre o seu prédio a favor de um terceiro[16].

De diversa maneira se apresenta uma factualidade onde a constituição da servidão é combinada com um negócio de compra e venda de imóveis[17].

O proprietário de um terreno vende um lote impondo-lhe uma servidão de passagem, direito este que fica pertencendo aos sucessivos adquirentes do prédio dominante[18]. À primeira vista, poderia afigurar-se que estaríamos perante um contrato a favor dos sucessivos adquirentes do prédio dominante que se veriam beneficiados com o direito de servidão. Tratar-se-ia, portanto, de um contrato a favor de terceiro indeterminado.

Porém, tal conclusão seria errónea. Os futuros adquirentes do prédio dominante não são beneficiários de um contrato celebrado a seu favor, na medida em que as partes contrataram em interesse próprio, sem neles pensar, adquirindo estes a servidão a título translativo, como sucessores.

---

[15] Para a Itália: Burdese, *Servitù prediali*, 1960, p. 67; DEIANA, in Grosso e Deiana, p. 462 (3.ª ed., p. 501); Grosso, in Grosso e Deiana, *cit.*, p. 92, nota 16.

[16] Exigindo que o estipulante se encontre numa relação, mesmo só de facto to, com o prédio dominante, B. BIONDI, *Le servitù*, 1967, p. 291. A nosso ver, tal requisito é descabido. Basta que o promissário tenha no contrato um qualquer interesse, mesmo «donandi causa».

[17] BARASSI, *I diritti reali limitati*, 1937, p. 293, nota 2.

[18] BARASSI, *ob. loc. ult. cits.*

Caso bastante semelhante é o de o proprietário de um terreno destinado a venda em lotes, impor aos ainda não vendidos uma servidão (de passagem, por ex.) a favor de todos os outros, vendidos ou não[19-20].

Agora, já se regista um contrato a favor dos proprietários dos lotes já vendidos. Os adquirentes dos outros são simples sucessores do anterior proprietário.

Os direitos de *usufruto,* e de *uso e habitação* também podem ser constituídos por contrato a favor de terceiro.

Ex.: *A,* por contrato com *B,* constitui a favor de *C* um direito de usufruto sobre uma sua quinta.

Há certas hipóteses que já levantam, contudo, certas dificuldades.

Será o caso de *A* doar a sua quinta, transmitindo a raiz a *B* e o usufruto a *C.*

Em nosso entender, nem *B* nem *C* são terceiros-beneficiários, por ambos, embora só depois da aceitação (art. 945.º), serem contraentes (art. 940.º).

Todavia, se *A* doa a quinta a *B,* obrigando-se este a constituir o usufruto a favor de *C,* há contrato a favor de terceiro, mas, normalmente, só com eficácia obrigacional. O usufruto não entra logo no património do beneficiário, pois o donatário só se obrigou a transferir o direito para ele[21] e o terceiro adquire só um direito ao cumprimento desta obrigação.

---

[19] Deiana, in Grosso e Deiana, *cit.,* p. 462.

[20] Sobre as servidões recíprocas ver Grosso, *ob. ult. cit.,* I, p. 130; B. Biondi, «Limiti legali della proprietá, servitù, oneri reali, obbligazioni propter rem, in rapporto all'art. 913 cod. civ.» no *Foro it.,* 1950, I, p. 617 e segs.; Id., «Servitù reciproche, servitù in faciendo, oneri reali e obbligazioni propter rem», *Giur. It.,* 1952, I, p. 29.

[21] Cf., na mesma orientação, B. Biondi, *Le donazioni, cit.,* pp. 636 e segs.; F. S. Azzariti, G. Martinez, G. Azzariti, *Sucessioni per causa di morte e donazioni,* 4.ª ed., 1963, p. 791 e segs.; L. Lisi, *Le donazioni,* 1967, p. 114 e segs.; Girino, *Studi in tema di stipulazione a favore di terzi,* 1965, p. 193 e segs.; Santoro-Passareli, «Sulla validitá delle donazioni con riserva di usufruto cum premoriar», *Foro It.,* I, pp. 385 e segs.

A possibilidade mais próxima de obtenção do resultado económico da doação com reserva de usufruto por intermédio de um contrato a favor de terceiro, seria a de *A*, por um mesmo negócio, transmitir a *B* a raiz e a *C* o usufruto, desenrolando-se a primeira parte segundo o processo da doação e a segunda de harmonia com o regime dos contratos a favor de terceiro. *A* ter-se-ia obrigado, contratualmente, para com *B*. a constituir o usufruto a favor de *C*. Quer dizer: normalmente raciocina-se, como o tínhamos feito nos exemplos anteriores, em termos do *A* ser doador e promissário. Neste último caso, *A* seria o promitente. *C* adquiriria imediatamente e sem necessidade de aceitação, o direito de usufruto, já que não se tratava de doação de *B*.

Não se pode considerar o arrendamento de prédios rústicos, para os fins do art. 1064.º, como envolvendo a aquisição de direitos reais. O direito do arrendatário não é, segundo a doutrina e a jurisprudência dominantes entre nós, um direito real[22]. Um contrato a favor de terceiro que implique a aquisição deste direito não teria, portanto, eficácia real.

O *penhor* (art. 666.º e segs.) e a *hipoteca* (art. 686.º e segs.) também podem ser constituídos por contrato a favor de terceiro[23].

Na eventualidade de revogação ou rejeição, o direito não reverterá para o promissário, mas sim para o promitente[24] que será o proprietário da coisa dada em penhor ou hipotecada.

---

[22] Na jurisprudência vide, entre outros, os seguintes acordãos: do Supremo Tribunal de Justiça de 22 de Marco de 1946 (*Bol. Oficial,* Ano 6.º, - 66), de 4 de Maio de 1956 (*Bol. Min. Just.,* n.º 57, pag. 342), de 16 de Junho de 1956 (*Bol. Min. Just.,* n.º 69, p. 586), de 14 de Junho de 1957 (*Bol. Min. Just.,* n.º 68, p. 581) e de 22 de Junho de 1960 (*Bol. Min. Just.,* n.º 99, p. 804); da Relação de Lisboa, de 12 de Abril de 1957 (*Jur. Rel.,* Ano IV, p. 354), de 18 de Outubro de 1957 (*Jur. Rel.,* Ano 1957, p. 728) Porto de15 de Março de 1961 (*Jur. Rel.,* Ano 1961, p. 243); e da Relação de Coimbra de 29 de Novembro de 1955 *(Jur. Rel.,* Ano 1955, p. 100).

[23] Sobre estas figuras ver PIRES DE LIMA e ANTUNES VARELA, *Código Civil Anotado,* I, 1967, com. aos referidos artigos.

[24] Sobre este assunto e com diversas opiniões: CANDIAN, «In tema di contratto a favore di terzi», *Foro It.,* 1926, I, p. 882; DE MEIS, «Effetti della revoca dello stipulante e della rinuncia da parte del terzo nel contratto a favore di terzi», *R.D.C.* 1927, pp. 466 e segs.

Porém, as exigências da entrega da coisa empenhada (artigo 669.º do Código Civil) e do registo de hipoteca (artigo 687.º do Código Civil) são consideradas, por alguma doutrina estrangeira que trata de disposições idênticas, como constituindo um obstáculo à eficácia real do contrato. Exceptua-se o caso de o objecto empenhado já estar em poder do credor. Não cremos, porém, que este ponto de vista esteja correcto, dado que a entrega da coisa e o registo da hipoteca, embora fundamentais na economia do contrato, não atingem a validade deste, mas tão-só a sua eficácia[25].

5. Contratos a favor de terceiro com eficácia obrigacional

A maioria dos contratos a favor de terceiro, e os de maior relevo (o seguro, por ex.), nascem e vivem só com efeitos obrigacionais. Já tivemos ocasião de dar alguns exemplos desta categoria.[26]

6. Contratos liberatórios

Apesar de o artigo 863.º do Código Civil incluir no conceito de remissão só o contrato entre o devedor e o credor, já o artigo 443.º, 2 é explícito ao consagrar a validade dos contratos de remissão de dívida a favor de terceiro: *A* e *B* contratam a remissão da dívida de *C* para com *B*.

Como é natural aos contratos a favor de terceiro, por efeito da celebração deles opera-se imediatamente no património do terceiro a liberação do débito[27].

Este último ponto reveste-se de um interesse muito especial.

---

[25] Vd., neste sentido, PIRES DE LIMA e ANTUNES VARELA, *ob. cit.*, com. aos artigos 669.º e 687.º
[26] Vd. supra n.º 1.
[27] ANTUNES VARELA, *ob. cit.*, p. 283.

A remissão, tal como vem regulada no art. 863.º, é um negócio jurídico bilateral tendo como fonte um contrato, oneroso ou gratuito. Para que uma dívida seja remitida, é necessário o consentimento do devedor, enquanto que a renúncia produz os seus efeitos independentemente de aceitação do beneficiário[28].

Todavia, os contratos a favor de terceiro vêm permitir a derrogação destas regras: não só entra imediatamente no património do devedor o benefício da liberação, como este benefício é imposto ao devedor e este não o pode rejeitar em certos casos: a rejeição, se preenchesse os requisitos do artigo 610.º e segs., poderia ser impugnada pelos seus credores.

7. Relação de cobertura e relação de valuta

O contrato a favor de terceiro implica duas relações jurídicas: uma, entre o promissório e o promitente; outra, entre o promitente e o terceiro.

A primeira é uma normal relação contratual que envolverá direitos e obrigações de diversa ordem para cada uma das partes, algumas das quais podem ser estranhas à estipulação a favor do terceiro, se esta não for mais do que uma cláusula acessória.

A segunda traduz-se num direito de crédito do beneficiário em relação ao promitente e na correspondente obrigação da parte deste.

É a primeira que origina e modela o direito do terceiro, motivo por que se lhe dá o nome de *relação de cobertura* ou *de provisão*.

Mas por detrás da relação de cobertura, justificando o direito atribuído ao terceiro, situa-se um certo interesse do promissário em outorgar a vantagem. Este interesse pode decorrer de uma relação jurídica pré-existente – o promissário quer cumprir uma divida sua para com o terceiro, por ex. Ou o promissário, desejando realizar uma liberalidade para com o terceiro, contrata a vantagem a seu favor. Esta relação entre o promissário e o terceiro, denomina-se *relação de valuta*.

---

[28] PIRES DE LIMA e ANTUNES VARELA, *ob. cit.*, com. ao art. 863.º.

No que se refere às relações entre o promissário e o promitente, umas vezes este receberá uma contraprestação do promissário; outras, a prestação do promitente é «donandi causa» para com o promissário.

Também o promitente pode ser levado a uma atribuição ao terceiro, verificando-se, nessa altura, uma atribuição comum[29].

A prestação do promitente ao terceiro representa uma atribuição indirecta do promissário ao terceiro; ambas as prestações correspondem, portanto. Mas já a do promissário ao promitente pode ser economicamente diferente, ou pode não existir se o promitente quis realizar uma liberalidade ao promissário. Em conclusão: o que o promissário dispendeu para obter a prestação do promitente ao terceiro pode ser diferente – inferior, superior – do valor desta prestação

8. Natureza jurídica

As relações entre as partes do contrato a favor de terceiro não levantam hoje problemas de maior, já que entre essas partes se produzem efeitos contratuais normais. Esta situação já era assim durante todo o período em que não se admitiu mais do que a possibilidade de o promitente se liberar cumprindo ao terceiro ou, quando muito, que o promissário – mas só ele – tivesse o direito de exigir o cumprimento ao terceiro. Existiam deveres e direitos tão-só entre o promitente e o promissário, sendo o terceiro um simples destinatário ou receptáculo da prestação

Tudo se alterou desde o momento em que a ordem jurídica (a lei ou a prática dos tribunais e a doutrina dominante) passou a admitir que o terceiro tivesse um direito a exigir o cumprimento do convencionado a seu favor[30] A atribuição de um direito a um terceiro

---

[29] Cf. AECK, *ob. cit.* § 48,3.

[30] A regra romana «alteri stipulari nemo potest» colocou importantes entraves a esta evolução, nomeadamente em países, como a Alemanha do séc. XIX, em que o Direito romano tinha um peso decisivo não só na técnica jurídica como também na criação do Direito. Para uma breve visão das dificuldades que os

por efeito de um contrato ia chocar gravemente o princípio da relatividade dos contratos. Como este último parecia uma daquelas regras evidentes sobre as quais assentava a ordem jurídica, a doutrina esforçou-se, primeiro, em justificar o direito do terceiro através de mecanismos que não pusessem em perigo o principio da relatividade dos contratos. Tal não foi possível, em parte por causa das necessidades do comércio jurídico que exigiam que a doutrina geral dos contratos a favor de terceiro se subordinasse às exigências dos diversos tipos destes contratos que iam surgindo, sobretudo do seguro de vida. Pertencem a este período algumas das doutrinas sobre a natureza jurídica do contrato a favor de terceiro que passamos a expor. Não têm, porém, mero interesse histórico. A sua crítica permitirá compreender, mais correctamente e sob mais ângulos, a verdadeira estrutura e função do contrato a favor de terceiro.

9. I) Teoria da oferta

Alguns autores franceses mais antigos[31] tentaram explicar o direito do terceiro por uma oferta de contratar que lhe teria sido feita pelo promissário. A inocuidade dos contratos a favor de terceiro em face do principio da relatividade das convenções obtinha-se através da sua cisão em dois momentos. No primeiro, havia um contrato entre o estipulante e o promitente, no qual se convencionava um beneficio para o terceiro. Como ninguém pode adquirir um direito contra sua vontade, este beneficio era objecto de uma oferta

---

autores alemães encontraram para se libertar daquela proibição vid., por ex., GAREIS, *Die Verträge zu Gunsten Dritter,* 1873; REGELSBERGER, «Über die Verträge zu Gunsten Dritter und über die Schuldübernahme», *M.P,* 1884, p. 1 e segs.; BUSCH, «Doktrin und Praxis über die Gultigkeit von Verträge zu Gunsten Dritter», 1860, pp. 46 e segs.; EHRENZWEIG, «Die sogennante Verträge zu Gunsten Dritter», 1895; BAHR, «Über die sogennante Verträge zu Gunsten Dritter», *Jehrings Jahrbücher,* VI, 1863, pp. 131 e segs.
[31] LAURENT, *Principes de droit civil,* XV, n.ᵒˢ 559 e segs.; COLMET DE SANTERRE, *Cours Analytique de Droit Civil,* n.º 33, bis, IV; DEMOLOMBE, *Cours de Code Napoléon,* 1822 e segs., XXIV, 248.

do promissário ao terceiro. Se este a aceitasse, formava-se um novo contrato que tinha como objecto esse beneficio. A partir deste momento, o beneficiário deixava de ser terceiro, para passar a ser parte. A aceitação do terceiro retroagia ao momento da celebração do contrato a seu favor, contrato no qual se fundava a oferta. Deste modo, este segundo momento vinha a coincidir, pelas vias artificiais do Direito, com o primeiro, aparecendo dois contratos simultâneos: um entre o promitente e o promissário, outro entre o promissário e o beneficiário.

A circunstância de a oferta ser realizada pelo estipulante parece coincidir com os interesses em jogo nestes contratos, pois é o promissário o titular do direito oferecido. Por outro lado, esta teoria, que vem equiparar a adesão do terceiro à sua aceitação, explicaria a possibilidade de revogação até ao momento da adesão[32].

Esta doutrina acarretava, porém, um certo numero de consequências cujos inconvenientes cedo se fizeram conhecer.

A teoria da oferta exige o encontro de vontades entre o promissário e o terceiro. É necessário, portanto, que a aceitação do terceiro surja antes da morte do promissário. Se o terceiro morre antes deste, os seus herdeiros não podem aceitar[33]. Esta consequência não era de admitir, nomeadamente no domínio do seguro de vida, em que os interesses em jogo levavam a prática jurídica a dispensar qualquer manifestação de vontade positiva do beneficiário para este adquirir o direito. Direito que se transmitia aos seus herdeiros no caso de ele morrer antes do promissário.

O facto de o beneficiário adquirir o direito através do estipulante acarretava outros inconvenientes no âmbito do sistema jurídico da época.

Simples credor do promissário, o beneficiário deveria suportar o concurso dos outros credores deste e sofrer eventualmente a preferência dos que tivessem garantias.

---

[32] Vd. SALEILLES, Théorie générale de l'obligation, 3.ª ed. 1914, n.º 248.
[33] Cf. LAURENT, ob. cit., n.º 571.

Por outro lado, o objecto da transmissão promissário-terceiro seria, não o que aquele dispendeu para obter o benefício atribuído ao terceiro, mas todo este beneficio. Seria contra este benefício que se dirigiriam todos os credores e demais interessados na impugnação ou redução. Tanto este facto como o anterior contrariavam frontalmente a função previdencial do seguro de vida[34].

Finalmente, o máximo que o beneficiário podia fazer para coagir o promitente a cumprir o prometido era subrogar-se na acção que o promissário tinha contra ele, com todas as limitações e incertezas correlativas[35].

Alguns destes inconvenientes seriam eliminados pela doutrina da *oferta pelo promitente*[36]. Para esta doutrina, o promitente obrigar-se-ia, pelo contrato celebrado com o promissário, a fazer ao terceiro a oferta de realizar em seu proveito a prestação determinada no contrato. Deste modo se obteria o resultado de o beneficiário se tornar directamente credor do promitente, sem o beneficio ter passado pelo património do promissário. Mas não se eliminava o inconveniente de a aceitação do terceiro se ter de realizar antes da morte do promitente; e deixava-se o beneficiário muito na dependência do promitente, nomeadamente se o estipulante já morrera. Poderia haver cláusulas do contrato, documentos e outros elementos que desconhecesse, e ninguém melhor do que o promissário para zelar pelos seus interesses.

De qualquer modo, esta teoria foi abandonada desde o momento em que a frequência dos contratos a favor de terceiro, nomeadamente dos seguros de vida, permitiu que se começasse olhar mais favoravelmente a atribuição, por mero efeito do contrato, de um direito ao terceiro, como sendo a explicação mais simples e mais adequada dos interesses em jogo.

---

[34] Vd. infra n.º 27 (cap. IV)
[35] Cf. LAURENT, *ob. cit.*, § 578
[36] Vd. THALLER, nota em D. 1889-2-1

10. II) Teoria da gestão de negócios

Segundo esta doutrina, o promissário agira como gestor de negócios do terceiro, constituindo a «aceitação» deste uma ratificação de «dominus»[37].

Não nos vamos deter a criticar esta teoria, pois as diferenças entre o contrato a favor de terceiro e a gestão de negócios serão expostas mais tarde[38]. Limitar-nos-emos a acentuar que parece hoje evidente que o promissário age em nome e interesse próprios e que a adesão do terceiro não o torna parte contratual, limitando-se a eliminar o direito de revogação do promissário.

11. III) A teoria da condição

Não terminaram com a teoria da gestão de negócios os esforços da doutrina francesa para salvaguardar o princípio da relatividade dos contratos. Ligados a um código civil cujos limites a rápida evolução jurídica do século XIX em breve ultrapassou, os autores franceses esforçaram-se por tudo explicar com base em princípios legislados cujo respeito, pelo menos formal, derivava da necessidade de obediência ao legislador e da repartição dos poderes políticos. Foi assim que formularam a teoria da condição para conciliar a relatividade dos contratos e o direito do terceiro: os contratos a favor de terceiro seriam celebrados sob condição, retroagindo a verificação desta os seus efeitos à data do contrato inicial. O promissário contrata sob condição alternativa quanto à designação do credor que será ele próprio ou o beneficiário. O primeiro está «in obligatione» e o segundo «in facultate solutionis»[39].

Também esta doutrina será apreciada mais tarde[40]. Para já, limitar-nos-emos a referir que implica a possibilidade de o terceiro

---

[37] Vd. LABBÉ, notas em Sirey1877-1-393 e 1880-2-49; TOULLIER, *Le droit civil français suivant l'ordre du Code*, VI, 1837, n.º 155.
[38] Cf. n.º 6 (cap. II).
[39] BOISTEL, em D. 98-2-129.
[40] Infra, n.ᵒˢ 1 e 5 (cap. II).

deixar de o ser, substituindo-se ao promissário pelo menos parcelarmente, como parte contratual. Ora, é liquido que, partes, são-no só o promissário e o promitente, limitando-se o beneficiário a retirar do contrato um direito.

12. IV) Teoria do negócio jurídico unilateral

De harmonia com esta teoria, o promitente, ao mesmo tempo que se vincula perante o promissário, obriga-se também para com o beneficiário. Esta segunda obrigação é unilateral, no sentido de que resulta só da vontade do promitente e liga-o perante o terceiro, mesmo independentemente da aceitação deste. É uma obrigação unilateral que se integra no contrato e realiza mais plenamente os seus fins[41].

Esta doutrina ignora as relações entre os diversos interesses em jogo. O promitente obriga-se perante o promissário. É deste que ele é devedor de uma prestação. A circunstância de esta prestação ser devida a um terceiro e de este ter um direito próprio a ela, em nada vem alterar estes dados fundamentais. Se o terceiro adquire um direito, é por que o promitente e o promissário o convencionaram, por que o promitente a isso se obrigou perante o promissário. É do contrato, das declarações de vontade promissário-promitente, que nasce o direito do terceiro, e não de qualquer obrigação autónoma assumida pelo promitente em relação ao terceiro.

13. V) Conclusão

Não há, pois, que procurar tortuosas explicações para o facto de alguém adquirir um direito por mero efeito de um contrato a que

---

[41] BEUDANT-LEREBOURS-PIGEONNIÈRE E LAGARDE, *Cours de Droit Civil français*, 1934 ss., VIII, n.º 80; COLIN, Capitant e de la Morandière, *Cours Élementaire de Droit Civil français*, II, 8.ª ed., 1935, p. 131; SALEILLES, *Théorie générale de l'obligation*, tit., § 141; CAPITANT, *De la cause des obligations*, n.º 33.

é estranho. O artigo 443.º do Código Civil, ao consagrar os contratos a favor de terceiro, vem sancionar expressamente uma importante derrogação ao princípio da relatividade dos contratos: é possível, por meio de contrato, atribuir um benefício a um terceiro a ele estranho. O direito de terceiro encontra a sua fonte no contrato, é por este moldado, e a sua existência depende da própria existência do contrato-base.

O contrato a favor de terceiro deve ser, portanto, antes de mais, um contrato válido entre as partes, um contrato que obedeça aos requisitos de validade do tipo de negócio celebrado. Este negócio vale entre as partes, independentemente da prestação a terceiro, definindo os seus direitos e obrigações

Suponhamos que as partes celebraram entre si um contrato de compra e venda, convencionando simultaneamente que o preço seria entregue a um terceiro. Será necessário, antes de mais, um contrato de compra e venda válido que será regido pelas normas do contrato de compra e venda e dos contratos em geral. O direito atribuído ao terceiro vem introduzir, certamente, importantes alterações na posição jurídica das partes, nomeadamente no poder de disposição, que lhes assiste, do interesse tutelado[42]. Contudo, o regime do contrato de compra e venda é determinante nas relações entre promitente e promissário e, nesta medida, vai influenciar o vínculo promitente-terceiro, por a este poderem ser opostos todos os meios de defesa derivados do contrato-base. As alterações impostas pela atribuição do direito ao terceiro vêm sobrepor-se parcialmente ao núcleo essencial do contrato de compra e venda, sem desvirtuarem a sua essência; não há mais do que uma funcionalização do seu regime derivada da atribuição de um direito ao terceiro e dirigida ao efectivo cumprimento do benefício convencionado.

O contrato a favor de terceiro não é um tipo de contrato como a compra e venda ou a doação. Pressupõe antes a realização válida de um contrato, nominado ou inominado, do qual é retirado um benefício para um terceiro: parte ou a totalidade da prestação é atribuída a um terceiro. Trata-se de uma categoria contratual a situar

---

[42] Vd. infra n.º 1 (cap. IV).

ao lado dos contratos com faculdade alternativa ou sob condição, por ex.[43]

Quando se diz que o promitente se obriga para com o promissário e não para com o terceiro, ou que o promissário é parte, ou senhor do interesse e da tutela desse interesse, quer-se significar precisamente que o direito atribuído ao terceiro, a cláusula a favor deste, é juridicamente uma sobreposição a um contrato autónomo e válido «a se» entre as partes. O interesse do terceiro é juridicamente relevante e pode ser mesmo, sob o ponto de vista económico, decisivo. Mas trata-se sempre de um terceiro, do interesse de um terceiro, e o regime jurídico que este facto implica é, de algum modo, sobreposto ou adjacente ao do contrato-base, sem alterar as suas linhas mestras. Nunca o interesse do terceiro se introduz no contrato, pelo menos na sua fase de formação. É certo que ele é considerado, que é por ele existir que se atribui um direito ao terceiro. Nesta medida, poderemos dizer que o contrato a favor de terceiro é (também) uma forma de actuação de interesse alheio. Mas devemo--nos guardar de o considerar como uma forma de representação desse interesse, caso em que introduziríamos este interesse na genética do contrato e transformaríamos o terceiro em parte. O interesse do terceiro oculta-se, na fase genética, atrás do interesse do promissário (ou deste e do promitente) não tendo autonomia jurídica. Na fase funcional intervém autonomamente mas, repetimo--lo, sem alterar o essencial do regime jurídico do contrato-base.

O contrato a favor de terceiro é sempre celebrado *por* e *para* o estipulante e o promitente. É neste sentido que se deve entender a expressão corrente na doutrina italiana de que, no contrato a favor de terceiro, nada mais há do que um desvio no sentido normal de prestação. Pretende-se afirmar que o promitente devia entregá-la materialmente ao credor; mas, em vez disso, presta-a a um terceiro, deste modo se obtendo, por meio de um simples acto jurídico material, dois efeitos jurídico-económicos: o cumprimento do promitente ao estipulante, e deste ao terceiro.

---

[43] Sobre a condição vd. FERRARA, «La condizione come 'modalitá accidentale', non come 'fatto accidentale'», *Scritti giuridici*, I, 1954, p. 461 e segs.

Não esquecemos que há casos em que a prestação, pela natureza do contrato, só pode ser realizada a um terceiro: seguro de responsabilidade civil, por ex. Mas, mesmo neste caso, o promissário não representa o interesse do terceiro; tutela antes o seu interesse através do contrato de seguro que deve ser um contrato válido entre as partes.

O contrato a favor de terceiro é, portanto, um contrato «a se», submetido ao regime do tipo realizado, ao qual se vem sobrepor, sem o desvirtuar, o regime jurídico imposto pela atribuição de um direito a um terceiro. Direito que resulta do contrato-base por força do princípio da liberdade contratual.

14. História e direito comparado

No Direito romano, o negócio jurídico não podia produzir efeitos para além dos que nele interviessem: «alteri stipulari nemo potest» (D. 45,1,38,17). No que se refere especificamente aos contratos a favor de terceiro, entende-se que o terceiro não dispunha de uma «actio» porque o promitente a nada se obrigara perante ele; quanto ao promissário, este também não tinha uma acção por que a prestação não se lhe destinava – ninguém poderia obter um crédito para outrem recebendo a promessa para si[44].

No antigo Direito francês as substituições fideicomissárias serviram de apoio ao contrato a favor de terceiro que eclodiu em outras aplicações[45], tendo as atribuições a terceiro assumido certo interesse prático. Contudo, como o seu principal suporte, as substituições fideicomissárias, tivessem sido proibidas em 1792, os contratos a favor de terceiro passaram por um longo eclipse, dado que o menor interesse prático das suas outras modalidades não chamava sobre eles as atenções.

---

[44] Vd. COUDERT, *Recherches sur la stipulation et les promesses pour autrui en droit romain*, 1957.

[45] Vd. LAMBERT, *La stipulation pour autrui. De la nature du droit conféré au bénéficiaire contre le promettant*, Paris, 1893.

O Código civil francês tomou perante esta figura uma posição equívoca. O artigo 1119.º exige que as estipulações em nome próprio sejam feitas para si mesmo. Mas já o artigo 1121.º abre excepções: pode contratar-se a favor de um terceiro, desde que se trate da condição de uma estipulação feita para si ou de uma doação a outrém. E o artigo 1973.º permite a constituição de uma renda a favor de terceiro.

Alguns autores julgaram poder validar o contrato a favor de terceiro inscrindo nele uma cláusula penal[46]: o promitente cumpria ao terceiro para não incorrer na obrigação de indemnizar o promissário. Não se trata porém, neste caso, de verdadeiro contrato a favor de terceiro, por este não ter direito a exigir o cumprimento.

As sistematizações de inspiração jusnaturalística, com a sua preferência pelas normas fundadas na razão e na equidade natural, mostraram-se abertas aos contratos a favor de terceiro. Contudo, os meios técnicos utilizados não eram correctos, por demasiadamente vinculados aos preconceitos tradicionais. Assim, o *"Allgemeines Landesrecht" prussiano (A.L.R.)*, embora admitindo em geral os contratos a favor de terceiro, descaracteriza-os nitidamente: para que produzam efeitos em relação ao terceiro necessitam da aceitação deste[47].

O *A.B.G.B.* austríaco admite a eficácia directa e imediata do contrato em relação ao terceiro. Restringe-a, porém, aos tipos excepcionais em que o comércio exige claramente essa eficácia.

O debate sobre os contratos a favor de terceiro passava no século XIX por dois grandes vectores. Apoiava-se, por um lado, no ordenamento jurídico francês, muito apegado ao princípio da relatividade dos contratos, em que o individualismo dominante não permitia entender a existência, ao menos em termos gerais, de um interesse em contratar para terceiro[48]. Este ordenamento influenciou fortemente o italiano. Não só o código italiano de 1865 seguia muito de perto, nesta matéria, o seu homólogo francês, como a

---

[46] AUBRY e RAU, *Cours de Droit Civil français*, 5.ª ed., 1902, IV, § 309; *ob. cit.*, V, n.º 553; BAUDRY-LACANTINERIE e BARDE, *Des obligations*, II, n.º 825.
[47] *A.L.R.*, § 75, t. V, p. I.
[48] LAURENT, *Principes, cit.*, XV, p. 629 e segs.

doutrina italiana se mostrou tenazmente ligada à formulação legal, não tendo acolhido senão muito recentemente o contrato a favor de terceiro em geral[49].

Também o Código Civil português de 1867 andou, nesta matéria, na esteira do seu modelo francês, ao ignorar a figura do contrato a favor de terceiro.

As necessidades do comércio jurídico em pouco forjaram, até cerca de 1860, a consagração da validade geral dos contratos a favor de terceiro. A consulta do *Recueil Sirey* durante esta época mostra como o contrato a favor de terceiro não era solicitado pelos possíveis interessados. É só com o aparecimento do contrato de seguro de vida, em 1860, que os contratos a favor de terceiro encontraram um apoio suficientemente forte. Mas, depois deste longo interregno, foi necessário recomeçar, a partir quase do zero, a construção da teoria geral dos contratos a favor de terceiro, o que demorou tempo e não se realizou sem deparar com todos os obstáculos dos princípios e da técnica jurídica arreigados em mentalidades muito apegadas aos preconceitos.

Foi a doutrina alemã que teve o mérito de, mais cedo, ter ultrapassado este estado de coisas. A pandectística alemã do século XIX opera uma total reviravolta neste sector: o que era excepção passa a ser regra e a elaboração cientifica instituto é concluída nas suas linhas mestras[50].

Diversos factores interdependentes contribuíram para este resultado.

O primeiro ter-se-á traduzido no carácter analítico e reconstrutivo da doutrina civilística alemã do século XIX.

---

[49] A ideia de que os contratos a favor de terceiro revestem carácter excepcional era corrente, ainda não há muito, na doutrina italiana: Cariota-FERRARA, *I negozi sul patrimonio altrui*, 1936, p. 17 e segs.; *Il negozio giuridico nel diritto privato italiano*, p. 688; GIOVENE, «Il contrato a favore di terzi», in *Commentario del Codice Civile D'Amelio, Obbligazioni*, I, 1948, pp. 591 e segs.; SCOGNAMIGLIO, «Contratti in generale», *Trattato Dir. Civile de* Grosso e SANTORO-PASSARELI, 1961, pp. 196 e segs.

[50] Para a análise desta evolução cf. Auts. cits., n.º 8, em nota. Note-se que para certa doutrina alemã os contratos a favor de terceiro revestem ainda hoje caracter excepcional. Cf. FLUME, *Das Rechtsgeschaft*, 1965, p. 8 e segs.

Encontrando-se se os juristas perante um grupo de análogas excepções, nada mais fizeram, por um processo a que *Husserl* chama «abstracção generalizadora», do que se elevarem do ser individual ao específico ideal. Alcançaram um conceito lógico de contrato a favor de terceiro do qual emanavam todos os casos particulares, consagrados na lei ou na prática, que deste modo se viam reduzidos à condição de prova da existência desse princípio.

Unger era da opinião de que a teoria dos contratos a favor de terceiro se encontrava, embora só concretizada em casos excepcionais, no Direito romano; o que restava fazer, reduzia-se a tirá-la de lá e a reconhecer-lhe valor geral[51].

O outro factor que levou à destruição das barreiras postas a expansão dos contratos a favor de terceiro, terá consistido na forte pressão das necessidades do comércio jurídico. Estas levaram a ter em conta o aumento do número de excepções à nulidade tradicional e a considerar necessária a atribuição ao terceiro de um direito nascido imediatamente da simples celebração do contrato. Institutos como o contrato de transporte e o seguro de vida dão direito de cidade ao contrato a favor de terceiro[52]. A construção jurídica que se faz deste é estreitamente determinada pelas exigências do seguro de vida em atribuir ao terceiro um direito autónomo nascido imediatamente do contrato no momento de sua celebração[53]. Só assim se assegurava a prossecução da função previdencial do seguro de vida.

O terceiro motivo reside na transição, que se começa a aperceber em alguns aspectos do panorama jurídico, dos sistemas jurídicos de base individualista para os de concepção social e que nada mais representa do que o reflexo da evolução da própria sociedade.

A concepção individualista que o liberalismo foi buscar à doutrina do direito natural, via em cada cidadão uma esfera de poder político isolado. Todas as relações estabelecidas com os outros não podiam derivar senão de um livre acordo entre todas as «potestrates»

---

[51] *Die Verträge zugunsten Dritter,* 1869, p. 60.
[52] Quanto ao contrato de transporte é duvidoso que se trate, na maioria dos casos, de um contrato a favor de terceiro.
[53] Vd. infra n.º 4 (cap. IV).

isoladas. Era o que parecia decorrer da concepção da dignidade do indivíduo como anterior a qualquer grupo ou organização, fosse ela o Estado.

Transpunham-se para o interior das fronteiras nacionais as concepções políticas internacionais. A organização da sociedade tinha em princípio base contratual, como era de origem contratual a ordem internacional. Não era só a casa de cada indivíduo que era o seu castelo. A sua esfera jurídica, autónoma e inviolável, era um Estado de que ele era senhor absoluto.

Daqui decorria que todas as relações políticas e sociais tinham base contratual, por muito que esta se presumisse ou se ficcionasse. Era do acordo de vontades dos interessados, livremente realizado sem pressões sociais, que derivavam os direitos e obrigações que eles assumiam.

Parecia, portanto, constituir uma ofensa aos próprios fundamentos da sociedade o facto de alguém ver invadida a sua esfera jurídica – por muito benéfica que fosse esta invasão – pelos efeitos de um contrato celebrado entre terceiros.

Esta concepção da vida em comum foi sendo posta em causa durante todo o século XIX. Por motivos que não cumpre aqui analisar, o tecido social adensou-se de tal modo que o social deixou de ser o ponto de encontro instável do conjunto das vontades individuais, para passar a estar dotado de um espaço próprio, sujeito às suas leis particulares, com uma estrutura e uma dinâmica específicas: passou a existir.

A autonomia privada começou a ser considerada, mais como meio de colaboração, do que como instrumento de auto-governo dos interesses próprios. O contrato passou pouco a pouco a funcionar menos como um meio de estabelecer pacificamente relações de dominação e mais como um processo de adensar a solidariedade social.

Já no começo do século XX se entendia que o contrato era o meio jurídico de actuação das prestações e dos serviços que alimentam o complexo social com vista à conservação e ao desenvolvimento da colectividade organizada[54].

---

[54] CIMBALI, «La funzione sociale dei contratti e la causa giuridica della loro forza obbligatoria», *Studi di diritto civile*, 1900, p. 33 e segs.

Ao afirmar a prevalência do interesse geral, a doutrina começava insensivelmente, a fundar a força obrigatória dos contratos mais no seu reconhecimento legal, do que na soberania dos particulares

Reconhecimento legal que dependia da valoração da utilidade social atribuída aos fins abstractos prosseguidos pelos contraentes[55]. Esta valoração legal afastara os contratos predatórios e parasitarios que nada mais traduzem do que o triunfo dos fortes[56]. A lei começa a entender que deve proteger o contraente mais débil na realidade da vida, mesmo que o direito lhe conceda um estatuto jurídico equivalente ao da contraparte.

O intervencionismo do Estado em matéria contratual levou os autores a falar de contrato «dirigido»[57], «forçado»[58], ou «desintegrado»[59]. Ao contrato-acto de vontade, ir-se-ia substituindo o contrato--instituição, programado e planificado pelo Estado[60].

A defesa dos contraentes e a intervenção do interesse público são patentes em numerosas normas dos ordenamentos jurídicos modernos: protecção da boa fé; defesa do contraente economicamente mais débil, nos contratos de adesão; exclusão, da matéria contratual, dos interesses indignos de tutela; protecção de terceiros, no caso de invalidade; cognoscibilidade do erro para que este seja relevante; rescisão do contrato só no caso de o não cumprimento assumir uma determinada relevância na sua economia; modificação do contrato por motivo da alteração das condições económicas de uma das partes; resolução por excessiva onerosidade; etc.

---

[55] OSTI, «Contratto», n.ᵒˢ 15-16, *Nuwo Dig. It.*

[56] MESSINA, «I concordati di tarifa nell'ordinamento giuridico del lavoco», *Scriiti giuridici*, 1948, IV, p. 3 e segs.

[57] JOSSERAND, «Le contrat dirigé», *Dalloz hebdomadaire*, 1933, p. 89 e «Les dernières étapes du dirigisme contractuel: le contrat forcé et le contrat legal», *ibid.*, 1940, p. 5 e segs.

[58] SAVATIER, *Les métamorphoses économiques et sociales du droit civil d'aujourd'hui*, Paris, 1952, p. 19 e segs.

[59] RIPERT, *Le déclin du droit*, 1949, pp. 73 e segs.; *Aspects juridiques du capitalisme moderne*, 1951, pp. 214 e segs.

[60] SAVATIER, *ob. cit.*, p. 30.

Perante este panorama de um contrato em que o interesse público se substitui a cada passo, contrariando-a, à vontade das partes; em que se chegam a subsumir na noção do contrato espécies em que essa vontade está totalmente ausente (como é o caso de certos contratos em execução do plano nos países socialistas); em que é a própria essência do contrato, tal como este era entendido tradicionalmente, que aparece desvirtuada – a atribuição de um direito a um terceiro parece um «minus» que se perde na reconstrução geral.

A dificuldade em admitir que alguém tenha interesse em contratar em benefício de outrem, é uma maneira de ver dos sistemas de base individualista, como os códigos civis francês de 1805, italiano de 1865 e português de 1867. A compreensão de que o benefício alheio pode representar, sob o ponto de vista social e individual, tanto ou mais do que a vantagem dirigida directamente ao próprio, é constante nas fontes de direito de sentido social.

A possibilidade de atribuir, de modo directo e imediato, um direito ao terceiro, aparece como uma simples consequência do adensar do tecido social, daquela exigência de solidariedade de que o regime jurídico do contrato sofreu forte influência[61].

A generalidade dos sistemas jurídicos admite hoje, portanto, o contrato a favor de terceiro como figura geral.

Era o que sucedia em Portugal mesmo antes da entrada em vigor do actual Código Civil. O Decreto n.º 19 126 aditara um parágrafo ao art. 646.º do Código Civil, que dispunha que «o cumprimento dos contratos feitos em benefício de terceiros pode ser exigido pelos beneficiários»[62]. *Antunes Varela* escrevia que «o sim-

---

[61] Esta atribuição, mesmo depois de exigida socialmente, deparou com numerosos obstáculos da parte da ciência jurídica muito apegada às estruturas tradicionais, mesmo quando estas já se encontravam desprovidas de alicerces. Sobre esta época de transição, vd. PACCHIONI, *I contrati a favore di terzi*, 1933, e a bibliografia de p. 122 e segs.; LAMBERT, *Du contrat en faveur de tiers, son fonctionement, ses applications actuelles,* 1893; Champeau, *La stipulation pour autrui et ses principales aplications,* 1893; TARTUFARI, *Dei contratti a favore di terzi,* 1889; VIVANTE, *Il contrato d'assicurazioni,* 1887, III.

[62] A interpretação deste parágrafo não era, porém, isenta de dúvidas, dado o seu enquadramento. Vd., GUILHERME MOREIRA, *Instituições,* II, p. 643 e segs. e PESSOA JORGE, *O mandato sem representação,* p. 127.

ples principio da liberdade contratual (aliado com a falta de razões condenatórias do instituto, à luz dos limites postos pela lei a este principio) basta para se deverem considerar válidos»[63] *Galvão Telles* apoiava esta ideia, entendendo que os contratos a favor de terceiro eram válidos como figura geral, nestes termos se lhes referindo o § único do art. 646.º do Código Civil[64].

O actual Código Civil português veio consagrar esta orientação, ao admitir os contratos a favor de terceiro com toda a latitude, exigindo tão-somente um interesse do promissário (artigos 443.º-451.º).

Na Alemanha, a lei[65] e a doutrina[66] assentam na sua validade, caracterizando-os com todo o rigor, de modo a extremá-los da oferta de contrato e da actuação em nome ou por conta de outrem. O mesmo sucede em países de culturas e tradições jurídicas tão díspares como a Áustria[67], a Suiça[68], a URSS[69], a Itália[70], a Espanha[71], o Brasil[72], a Hungria[73], a Grécia[74] etc.

---

[63] *Ensaio sobre o conceito do modo,* Coimbra, 1955, p. 244.
[64] *Dos contratos em geral,* 2.ª ed., 1962, p.
[65] Vd. § 328 e segs. do B.G.B.
[66] Cf., para uma visão geral: A. BLOMEYER, *Allgemeines Schuldrecht,* 1953, p. 286 e segs. e PALANDT, *B.G.B.,* 25.ª edição, 1966, §§ 328 e segs.
[67] § 881 e GSCHNITZER, *Schuldrecht, Allgemeiner Teil,* 1966, pp. 143 e segs.
[68] Artigo 112.º do Código das Obrigações; THEO GUHL, *Le droit fédéral des obligations,* trad. de René des Gouttes, 1947, pag. 129 e segs.; B. STACHELIN, nos *Travaux de l'Association H. Capitant,* T. VIII (1952, Montréal), 1956, pp. 244 e segs.. Como o Código das Obrigações não exige o interesse do estipulante, admite-se que o «animus stipulandi», ou seja, o acordo da vontade das partes, é suficiente para fazer nascer o direito, sem necessidade da existência de um interesse especial.

Antes do Código Suíço das obrigações, os diversos códigos que vigoraram nesse país consagravam um regime semelhante ao francês. Em 1881 o primeiro Código das Obrigações já lhe atribuía, com o art. 128, um lugar importante.

[69] Actualmente, e além da citada disposição legal, referem-se-lhe, ou prevêem casos de contrato a favor de terceiro: os arts. 519, al. 2, 521, 259, 260, 281, 282, 443, 245, 181, 175 e 92 do Código das Obrigações, 494, 612 e 393, n.º 5, do Código Civil, a Lei sobre o seguro de 2 de Abril de 1908, a lei sobre a circulação, de 15 de Março de 1952, a lei federal sobre os transportes por caminho de ferro e barcos a vapor de 29 de Março de 1893 (art. 15.º), a lei dos correios de 2 de Outubro de 1925 (art. 28.º).

Também o direito muçulmano conheceu, desde o início da era Islâmica, uma instituição, o «Wakf», que pode representar, sob algumas das suas formas, um contrato a favor de terceiro. O constituinte ou «Wakif» torna inalienável a propriedade de parte do seu património para reservar o seu gozo a uma obra piedosa ou de utilidade geral, ou aos seus filhos[75].

Em Franca, a doutrina e a jurisprudência acabaram por superar os estreitos limites dispostos pela lei ao instituto.

O texto da lei é, como vimos, muito claro: a estipulação a favor de terceiro só é possível como condição de um contrato em que o estipulante seja parte ou em que realize uma doação. Apesar disso, a doutrina e a jurisprudência foram-se afastando, pelas razões indicadas, deste quadro, que se pode considerar hoje letra morta. Além das hipóteses indicadas no artigo 1121.º, os autores actuais admitem o contrato a favor de terceiro sempre que o promissário tenha interesse na atribuição do beneficio ao terceiro[76]. Este interesse,

---

[70] Secção 167 do Código Civil da República Socialista Federativa dos Sovietes da Rússia. Cf. KIRALFY, The civil Code and the Code of civil Procedure of the R.S.F.S.R., 1964, LEYDEN, 1966, p. 54.

O Arts. 1411.º e segs. do Código Civil de 1942; G. DONADIO, «Contratto a favore di terzi», cit., pp. 657 e segs; MESSINEO, Dottrina generale del contratto, 3.ª ed., 1943, pp. 104 e segs.; etc.

[71] Art. 1.257, 2.º; J. PUIG BRUTAU, Fundamentos de Derecho Civil, II, I, pp. 270 e segs.; M. ALBADALEJO, Instituciones de Derecho Civil, I, pp. 705 e segs.

[72] Arts. 1098-1100.º do Código Civil, arts. 97.º-100.º do Ante-projecto; M. J. CARVALHO DE MENDONÇA, Doutrina e Prática das Obrigações, 4.ª ed., II, pp. 345 e segs.; João FRANZEN DE LIMA, Curso de Direito Civil Brasileiro, II, 1958, pp. 337 e segs.

[73] Artigo 233.º do Código Civil. Cfr. Code Civil de la République populaire hongroise, Budapest, 1960.

[74] Artigos 411.º e segs. do Código de 1940; cf. Code Civil Hellenique, trad. por P. MAMOPOULOS, Atenas, 1956.

[75] Cf. A. ADUL-LATIF BALDAWI, Stipulation pour autrui, Genève, 1954, pp. 120 e segs.

[76] Vd., por todos, MARTY e RAYNAUD, Droit Civil, II, 1, Les obligations, 1962, pp. 233-4; COLIN, CAPITANT e de la MORANDIÈRE, Traité de Droit Civil II, pp. 544 e segs.; CARBONNIER, Droit Civil, 4, Les Obligations, 1969, p. 57.

porém, presume-se, entendendo-se que as vantagens recebidas pelo terceiro beneficiário são suficientes para integrar o interesse do promissário que pode ser simplesmente moral.

Na Bélgica, onde vigora o Código Civil Francês, a doutrina parece mais apegada ao texto da lei do que a francesa, e não falta quem exija que o contrato a favor de terceiro se mantenha acessório de outro contrato principal[77].

Todavia, todos concordam «de iure constituendo» que é necessário que a validade dos contratos a favor de terceiro seja libertada de peias; e, mesmo «de iure constituto», o seguro abre forte brecha no princípio da acessociedade[78]. No Québec onde o direito também mantém estreitos laços com o francês, a doutrina e a jurisprudência acompanham de perto as suas congéneres francesas nestas matérias[79].

O recente Código Civil etíope[80], de elaboração francesa, marca porém um retrocesso em relação a doutrina gaulesa actual. Admite, é certo, a validade geral dos contratos a favor de terceiro. Parece, porém, confundi-los com os contratos para pessoa a nomear: o promissário tem o direito de nomear outrem para exercer os seus direitos; se tal designação não tiver sido feita em certo prazo, o contrato produzirá os seus efeitos entre as partes; os efeitos da nomeação estão subordinados à aceitação do terceiro[81].

No direito inglês[82] o panorama altera-se substancialmente.

---

[77] Cft A. DE PAGE, Traité élémentaire de droit civil belge, II, 1934, pp. 554 e segs.

[78] Sobre algumas modalidades de seguro praticadas na Bélgica e as suas ligações com o contrato a favor de terceiro, vd. O. WETS, nos Travaux de l'Association Henri Capitant, cit., pp. 209 e segs.

[79] Vd. Louis BAUDOIN, Le droit civil de la province de Québec 1953, pp. 716 e segs.; MAURICE GAGNE, nos Travaux cits., pp. 192 e segs.

[80] Code Civile de l'Empire d'Ethiopie de 1960, Paris, 1962.

[81] Artigos 1952.º e segs.

[82] Sobre o que se segue ver: CHITTY, On contracts, I, 21.ª ed., 1955, pp. 12 e 38 e segs.; POLLOCK, On contracts, 30.ª ed., por Winfield, 1950, pp. 162 e segs.; ANSON e BRIERLY, Principles of the English Law of Contract, 19.ª ed., 1947, pp. 85 e segs.; JÖRG KÄSER, «Der Vertag zugunsten Dritter im englischen Recht», in Zeitschrift für ausländisches und Int. privatrecht, 21, 1956, pp. 418 e segs.; CHESHIRE e FIFOOT, The Law of contract, 1964, pp. 247 e segs., 199 e segs. e 380

Os autores costumam citar, para ilustrar a proibição, em princípio absoluta, com que este ordenamento fere os contratos a favor de terceiro, as seguintes palavras de um juiz inglês[83]: «In the law of England certain principles are foundamental. One is that only a person who is party to a contract can sue on it. Our law knows nothing for a «jus quaesitum tertio» arising by way of contract. Such a right may be conferred by way of property, as for example, under a trust, but it cannot be conferred on a stranger to a contract as a right to enforce the contract «in personam».

Na realidade, porém, sucede que esta regra está algo atenuada. Se quiséssemos elaborar um «restatement» do direito inglês sobre esta matéria, chegaríamos as seguintes conclusões[84]:

a) do contrato não nasce acção pela via da «common law» a favor de terceiro contra o promitente, pois que aquele é estranho ao negocio e não forneceu «consideration»;

b) o promitente pode ser demandado pelo promissório por não cumprimento da prestação a favor de terceiro e ser condenado em «nominal damages»;

c) o terceiro não adquire direitos da «Equity»;

d) o promissário, agindo em «Equity», pode obter um «decree of specific performance» contra o terceiro, quando se trate de prestações de execução continuada ou periódica;

e) o contrato não pode exonerar o terceiro da responsabilidade perante o promitente, mesmo que irresponsabilidade tenha sido expressamente convencionada a seu favor;

f) os herdeiros do promissário não podem obter a repetição da prestação que era para realizar depois da morte deste e já tinha sido cumprida no todo ou em parte;

g) o terceiro adquire direito no âmbito da «Equity» quando é beneficiário de um «trust», mas a jurisprudência tem-se mos-

---

e segs.; M. LUPOI, «I contratti a favore di terzi...», *R. D. Comm.*, 1967, pp. 171 e segs.

[83] Lord Haldane, no caso Dunlop contra Selfridge. Cfr. ANSON, *ob. loç ult. cits.*

[84] Cfr. autores citados e por todos: LOPOI, pp. 224 e segs.

trado contrária ao abuso deste instituto para conseguir vantagens para o terceiro;

h) na «statute law» depara-se com bastantes excepções à ineficácia dos contratos a favor de terceiro: seguros, transporte, locação, etc.;

i) também estão exceptuados da regra geral os institutos excluídos do âmbito contratual, como o «bailement» e a «action for money had and received»; e, fora da área dos contratos, subsistem certos precedentes que conferem ao terceiro a titularidade de alguns direitos e o gozo de vantagens.

No Canadá[85], Austrália e Nova Zelândia tudo se processa de maneira semelhante.

Nos Estados Unidos, depois de muitas hesitações[86], os tribunais começaram a marcar nitidamente a distinção entre «dennee-beneficiary contract» (em que a pessoa que obtém a promessa o faz para realizar uma doação ao terceiro) e «creditor-beneficiary contract» (em que o contrato é usado pelo promissário para satisfazer uma obrigação preexistente para com o terceiro), atribuindo tutela jurídica unicamente ao direito de «dennee-beneficiary». Todavia, actualmente, a posição inverteu-se e, embora ambos os beneficiários adquiram direitos, o «crediter-beneficiary» é o que merece maior tutela jurídica. Mantem-se a recusa da tutela jurídica à posição do beneficiário nas «incidental beneficiarious situations» (situações que não cabem em qualquer das anteriores[87]).

---

[85] Nas províncias canadianas de direito inglês o contrato a favor de terceiro é de tal maneira desconhecido que a vitima de um acidente de viação não dispõe de qualquer acção contra a companhia seguradora do veiculo causador do dano (cf. L. PH. PIGEON, *Travaux Capitant, cit.,* pp. 260 e segs.). Aliás, o mesmo acontece, talvez por influência inglesa, no Québec (cfr. GAGNÉ, *Travaux cits.,* pp. 192 e segs.).

[86] Para permitir o benefício para o terceiro, os tribunais forçaram a existência da «consideration». Consideravam o terceiro como sucessor do promissário (sobretudo quando era seu credor); identificavam ficticiamente o estipulante com o terceiro (se aquele era pai e este filho e, posteriormente, se eram só parentes próximos); etc. (cf. *Giurispudenza Comparata di diritto civile,* 1942, p. 211).

[87] Cf. A. VON MEHREN, Travaux, cit., p. 263-4; Restatment of the law of contracts, section 13 (American Law Institute Publishers, 1932).

CAPITULO II
DISTINÇÃO DAS FIGURAS PRÓXIMAS

1. Contratos a favor de terceiro impróprios

Nos *contratos a favor de terceiro próprios,* o promitente obriga-se perante o promissário a uma prestação ao terceiro que adquire a ela um direito próprio. Ou seja: tanto o promissário como o terceiro têm o direito a exigir o cumprimento ao terceiro; são ambos credores[1].

Nos *contratos a favor de terceiro impróprios* o promitente também se obriga perante o promissário a realizar uma prestação a um terceiro. Mas, nestes, o terceiro não tem qualquer direito próprio ao cumprimento. O único credor é o promissário. Só este dispõe da tutela do interesse, só ele podendo exigir o cumprimento ao terceiro[2].

Acentue-se, contudo, que do facto de a prestação dever ser feita ao terceiro derivam importantes consequências. A prestação ao credor será uma dação em cumprimento, supondo o acordo entre o promissário-credor e o promitente-devedor. No caso de não cumprimento culposo do devedor, o credor pode exigir que o promitente indemnize o terceiro.

---

[1] Para maiores precisões vd. infra n.º 1 (cap. IV).
[2] Sobre estes contratos: ALMEIDA COSTA, *ob. cit.*, p. 112; Hellwig, *ob. cit.*, I, pp. 93 e segs.; VON TUHR, *Tratado de las obligaciones*, 1934, II, pp. 195-196; LARENZ, *Lebrhuch des Schuldrechts*, I, 8.ª ed., 1967, p. 122; VAZ SERRA, *«Contrato a favor de terceiro. Contrato de prestação por terceiro»*, B.M.J., 51, pp. 44 e segs.

Não, certamente, pelos prejuízos que o terceiro tenha sofrido pelo não cumprimento. O terceiro não é credor do promitente que não assumiu qualquer obrigação que o vincule ao terceiro e a que corresponda um direito deste. O único interesse cm causa é o do promissário, só este interesse tendo de ser indemnizado. É certo que ao interesse do promissário em que o cumprimento seja realizado ao terceiro corresponde um interesse deste em o receber. De outro modo, este seria normalmente um *«solutionis causa adietus»*[3]. Mas estes interesses não foram suficientemente fortes para justificarem a atribuição de um direito ao terceiro. O interesse deste mantém-se estranho ao contrato, não emergindo da relação de valuta. Os contratos a favor de terceiro impróprios dominaram o campo dos contratos a favor de terceiro precisamente durante o largo período em que se entendeu que não havia interesse suficiente em contratar atribuindo um direito ao terceiro.

Logo, nos contratos a favor de terceiro próprios serão de equacionar os prejuízos sofridos pelo terceiro e pelo promissário, ambos titulares de interesses protegidos. Nos contratos a favor de terceiro impróprios só há que levar em conta os prejuízos sofridos pelo promissário com o não cumprimento ao terceiro[4]. Prejuízos que podem derivar, em grande parte, da relação existente entre o credor e o terceiro, relação que não teve o seu desenvolvimento ou desenlace normal pelo facto do não cumprimento da obrigação. Do «quantum» indemnizatório o promissário tem o direito de exigir que o devedor retire o equivalente da prestação devida e o entregue ao terceiro.

Uma última consequência do facto de a prestação dever ser realizada ao terceiro: se o crédito se transmitir, o novo credor apenas poderá exigir a prestação ao terceiro[5].

Nos contratos a favor de terceiro impróprios, o promissário mantém totalmente o poder de disposição do crédito nos termos que assistem a qualquer credor. Em momento algum, no campo do

---

[3] Cf. infra n.º 1 (cap. IV).
[4] Contra: VAZ SERRA, ob. cit., p. 45 e VON TUHR, ob. loc. ult. cits.
[5] Cf. VAZ SERRA, *ob. cit.*, p. 45.

contrato a favor de terceiro impróprio, o terceiro pode limitar esse direito. O que não impede que o promissário possa ser demandado pelo terceiro se este tem, nos termos da relação de valuta, direito a esse cumprimento.

Apesar das diferenças apontadas, a função das duas categorias contratuais é semelhante.

A deve trinta contos a B e é credor da mesma quantia de C. Convenciona com C que este pagará a B. Deste modo, a prestação do promitente ao terceiro atinge o resultado que, de outra maneira, se teria de conseguir através de uma dupla prestação: de C a A e de A a B. E este resultado obtém-se quer se atribua quer não um direito próprio a B[6].

A diferença entre os contratos a favor de terceiro impróprios, de um lado, e a representação e a gestão de negócios, do outro, também não é difícil de definir.

Na representação, o representante actua em nome e interesse alheios. Na gestão de negócios, o gestor age no interesse alheio e porventura (gestão de negócios em nome alheio) também em nome de outrém.

Nos contratos a favor de terceiro impróprios, o terceiro recebe o benefício em nome e interesse próprios, embora, repetimos, sem direito a exigir o seu cumprimento[7].

Esta diversa situação acarreta importantes diferenças no que se refere às relações entre o promissário e o terceiro, uma vez cumprida a prestação. Na representação e na gestão de negócios, os efeitos jurídicos ou, pelo menos, os efeitos económicos da actividade do representante e do gestor pertenciam ao representado ou ao «dominus negotii». Nos contratos a favor de terceiro impróprios aquilo que este recebeu pertencia-lhe, embora em termos e por motivos a apreciar pela relação de valuta[8].

---

[6] Embora o exemplo se refira só aos contratos a favor de terceiro impróprios com efeitos obrigacionais, esta categoria contratual pode ter os mesmos efeitos que os contratos a favor de terceiro próprios.

[7] Não se trata, ao contrário do que pretende Hellwig (ob. cit., p. 93 e segs.), de uma procuração tácita ao terceiro para receber a prestação.

[8] Sobre a distinção entre o contrato a favor de terceiro próprio e a representação e gestão de negócios, vd. infra n.ºs 5 e 6.

2. Doação com encargos a favor de terceiro e contrato a favor de terceiro

Os contratos a favor de terceiro com eficácia real ou liberatória facilmente se distinguem da doação com encargos: neles, o promitente, ao contrário do que sucede na doação com o donatário, não se vê imposta nenhuma obrigação a favor de terceiro.

Mais próximos das doações modais estão os contratos a favor de terceiro com eficácia obrigacional, aqueles em que o promitente se obriga a realizar uma prestação a terceiro.

Como distinguir ambas as espécies?

A distinção vem a reconduzir-se à divisória entre doação onerosa e negócio a título oneroso, entende *Antunes Varela*: «tudo está nesses casos em saber, com efeito, se a prestação convencionada a favor de terceiro constitui ou não um correspectivo da atribuição recebida pelo promitente»[9].

Não é possível encontrar qualquer diferença intrínseca entre as prestações a favor de terceiro: pode afirmar-se que haverá contrato a favor de terceiro sempre que a obrigação contraída pelo promitente a favor de terceiro seja uma contraprestação plena ou correspectiva da atribuição que lhe foi feita pelo promissário; doação modal nos casos em que a obrigação do onerado constitua uma simples restrição ou limitação ao benefício por ele recebido.

Com efeito, o regime jurídico da doação (modal) (arts. 940.º e segs., sobretudo arts. 963.º e segs.) e o do contrato a favor de terceiro (arts. 443.º e segs.) não apresentam diferenças substanciais que permitam uma distinção intrínseca.[10]

---

[9] Ensaio sobre o conceito do modo, p. 246.

[10] De opinião contrária são a doutrina e a jurisprudência italianas que encontram numerosas diferenças no regime jurídico das duas figuras: BALBI, «Saggio sulla donazione», R.D.C, 1940, pp. 189 e segs.; TORRENTE, «La donazione», Tratatto di Dir. civ. e Commerciale de Cicu e Messineo, XXII, 1956, p. 55; B. BIONDI, Le donazioni, pp. 663 e segs. e 963 e segs.; P. S. AZZARITTI, G. MARTINEZ, G. AZZARITTI, Successioni, tit., p. 694; BALBI, La donazione, 1964, pp. 4 e segs.; LISI, Le donazioni, tit., pp. 114 e 123 e segs.; Foro It., 1944.46, I, 22; Foro It., 1955, I, 467.

3. Distinção dos contratos de prestação por terceiro

No polo oposto dos contratos a favor de terceiro, deparamos com os *contratos de prestação por terceiro*[11].

Nuns, os contratos a favor de terceiro, é atribuída uma vantagem a um terceiro, ficando este beneficiado com um direito por mero efeito do contrato. Nos contratos de prestação por terceiro – se estes fossem lícitos, o que não sucede, como veremos – promete-se uma prestação do terceiro, ficando este obrigado, por mero efeito do contrato, a favor do promissário ou de um terceiro (contrato de prestação por e para terceiro).

Tal como nos contratos a favor de terceiro o promissário não age em nome e no interesse do terceiro, também nos contratos de prestação por terceiro o promitente não age em nome e no interesse do terceiro. Em qualquer caso, o terceiro não se torna parte contratual; é sempre terceiro em sentido técnico, estranho ao contrato.

Nos contratos a favor de terceiro, *A*, ao vender a sua casa a *B*, contrata que o preço será pago a *C*. Nos contratos de prestação por terceiro, *B*, ao comprar a casa, convenciona que o preço será pago por *C*.

Debruçando-nos sobre a figura contratual que delineámos, a primeira impressão com que ficamos é a da sua ineficácia em relação ao terceiro.

Se é possível atribuir, contratualmente, benefícios a um terceiro – a lei presume que o seu interesse é nesse sentido – já não deve ser permitido sujeitá-lo a obrigações. De outro modo, permitir-se-ia a invasão das esferas jurídicas alheias em prejuízo presumível

---

[11] Sobre os contratos de prestação por terceiro, vd.: Vaz Serra, ob. tit., p. 30 e segs.; Marty e Raynaud, ob. tit., p. 227, n.ºs 249 e segs.; F. Messineo, *Manuale, cit.,* p. 662,22 D); G. Mirabelli, *Dei contratti in generale,* 1958, pp. 251 e segs.; Scalfi, *La promessa del fatto altrui,* 1955; Distaso, *I contratti in generale,* pp. 999 e segs.; Manuel de Andrade, *Teoria geral das abrigações,* n.º 40; Larenz, *ob. loc. cits.;* Allara, «Natura giuridica della obbligazione del fatto altrui», *R. D. Comm.,* 1929, pp. 410 e segs.; Stolfi, «La promessa di fatto di un terzo», *R.D. Comm.,* 1927, pp. 203 e segs. Sobre a sua regulamentação no Direito romano, vd. J. Coudert, *ob. cit.*

dos seus titulares. A necessidade dos contratos a favor de terceiro foi demonstrada sobejamente pelo comércio jurídico, nomeadamente através do contrato de seguro. No que se refere aos contratos de prestação por terceiro, não houve até hoje qualquer pressão significativa da prática no sentido da sua admissão.

Pode dizer-se, é certo, que apresentariam vantagens do mesmo género das reveladas pelos contratos a favor de terceiro, permitindo uma dupla atribuição patrimonial: com a prestação do terceiro ao promissário realizar-se-ia uma outra do promitente a este.

Contudo, esta função é desempenhada cabalmente pelos títulos de crédito, e a existência de um interesse em princípio negativo do terceiro não tem permitido a tutela legal de um eventual interesse, positivo, do promitente e do promissário.

É, portanto, orientação geral das diversas doutrinas, jurisprudências e legislações que um negócio que contenha uma regulamentação de interesses alheios carece de efeitos jurídicos para com os terceiros visados, salva a excepção dos contratos a favor de terceiro[12].

Ninguém pode, portanto, vincular um terceiro a uma prestação. Mas qualquer um pode obrigar-se a si mesmo e não vincular o terceiro, ao prometer a prestação deste: obriga-se a conseguir o facto do terceiro[13].

A obriga-se para com *B* a obter o consentimento de *C* para a constituição de uma servidão em benefício de *B*; *A* vincula-se perante *B* a conseguir que *C* cumpra uma dívida que ele, *A*, tem para com *B*; etc.

Nascerão, portanto, duas obrigações sucessivas: uma do promitente, de conseguir que o terceiro se obrigue; a outra, do terceiro, a partir do momento em que este acede ao que dele foi prometido.

---

[12] Vd. autores cits., supra.

[13] Já no domínio do antigo Código Civil, MANUEL DE ANDRADE (Teoria Geral das Obrigações, cit., p. 157) admitia estes contratos, justificando-os pela liberdade negocial, e apontava a seu favor o artigo 1548.º, § único, que obrigava a perdas e danos o marido que, prometendo vender bens imóveis do casal, não obtinha a imprescindível outorga uxória. Cf. igualmente a R.L.J., 78.º, pp. 375 e segs.

Desde este consentimento, o terceiro deixa de o ser, por estar obrigado em relação às outras partes.

O promitente pode ter simplesmente prometido que o terceiro se obrigue; neste caso fica desonerado a partir do momento em que este se vincula. Se o compromisso assumido abrangia também o cumprimento do terceiro, o promitente só se terá por desobrigado depois do cumprimento.

A obrigação do promitente pode ser de meios ou de resultado. De meios, quando tão só se obriga a envidar todos os esforços para a finalidade a atingir (vinculação ou cumprimento); neste caso não é garante da sua obtenção efectiva. Fala-se de obrigação de resultado quando o contraente é garante do próprio resultado dos seus esforços, impendendo sobre si a obrigação de indemnizar no caso de o terceiro não assumir aquilo que dele é prometido.

Nenhuma presunção deve ser admitida a favor de uma ou de outra das posições.

A obrigação de resultado é a prevista no Código Civil italiano (artigo 1381.º), muito embora a autonomia contratual permita a obrigação de meios. Tudo dependerá da interpretação do negócio, embora se parta de uma presunção «iuris tantum» a favor da obrigação de resultado[14].

Trate-se de que modalidade se tratar, o promitente exonera-se por impossibilidade da prestação (dele ou de terceiro) a ele não imputável[15]. Impossibilidade que só não o desobrigará se a sua obrigação tiver sido assumida para tal hipótese. Pode ter-se tido em vista a prestação em si mesma, ficando o devedor obrigado a cumpri-la se tal facto se tiver tornado impossível para o terceiro[16].

---

[14] Na doutrina transalpina esta figura é olhada como um contrato de garantia no qual o comportamento do terceiro é condição da obrigação do garante. Em contrapartida, parte da jurisprudência tem decidido que se trata de uma obrigação autónoma, consistindo num «facere» para que o terceiro assuma a obrigação prometida (MIRABELLI, *ob. cit.* p. 252; SCALFI, *ob. cit.*, p. 60 e segs.).

[15] Ou não imputável ao terceiro, se a obrigação abranger o cumprimento pelo terceiro.

[16] VAZ SERRA, ob. cit., pp. 32-33.

A promessa de facto de terceiro pode também analisar-se numa promessa alternativa, da prestação própria ou da de terceiro, ou da própria com faculdade alternativa da prestação de terceiro.

Parece admissível a presunção de que, nas obrigações de resultado, o promitente pode cumprir em vez do terceiro se este se recusar e na medida em que tal substituição não prejudique o credor[17].

O interesse do promissário será neste sentido, na medida em que esta espécie de restauração específica lhe aproveite; e o curso do comércio jurídico não é prejudicado por uma obrigação de indemnizar por equivalente.

Antes da ratificação do terceiro (que pode ser feita através de requerimento) o contrato pode ser modificado ou revogado.

A garantia do resultado distingue-se da fiança na medida em que o promitente contrata uma obrigação principal em vez de acessória (caso da fiança) e pode exonerar-se com a ratificação do terceiro. O conteúdo da obrigação de garantia é uma prestação idêntica à devida pelo garantido. Nas promessas de facto de outrem, o promitente deve um equivalente (ou sucedâneo) da prestação – a indemnização –, circunstância que ressalta de o facto do terceiro consistir numa prestação diferente do pagamento de uma soma de dinheiro.

A promessa de facto de terceiro distingue-se igualmente da prestação, por naquela, e não nesta, o promitente actuar em nome e interesse próprios.

O mesmo se pode afirmar a propósito da gestão de negócios em nome alheio. É de notar, além disso, que o gestor (quer em nome próprio, quer em nome alheio) pretende transferir todos os resultados[18] para o terceiro («dominus») e pode faltar a este a «utilitas».

A promessa de facto de outrem pode ser independente ou andar associada a outro negócio.

---

[17] Em sentido idêntico: VAZ SERRA, *ob. cit.*, p. 38.

[18] Pelo menos os resultados económicos ou as vantagens, pois os encargos podem, na gestão com «*animus donandi*», competir ao gestor.

Pode estar dependente de uma partilha: o tutor do menor ultima amigavelmente a partilha prometendo a ratificação posterior deste; andar ligada à gestão de negócios: o gestor promete a ratificação do «dominus negotii»[19]; etc.

A promessa pode constituir o único objecto de um negócio realizado «donandi causa», «solvendi causa», etc.

4. Dos contratos a favor e a cargo de terceiro

O número anterior versou o contrato de prestação por terceiro: alguém agindo em nome e interesse próprios promete uma prestação de terceiro, ficando este vinculado imediatamente pelo contrato. Dissemos que, teoricamente (pois na realidade jurídica tais negócios são ineficazes perante o terceiro), representam o polo contrário dos contratos a favor de terceiro.

Nos contratos a cargo de terceiro vai-se mais longe no plano do direito: o terceiro vê-se atribuída uma das posições contratuais, é colocado no lugar de uma das partes contratuais como se tivesse sido ele a contratar. Já não é um simples direito ou uma obrigação que lhe são impostos, como sucede nos contratos a favor de terceiro ou de prestação por terceiro, respectivamente. É toda uma posição contratual que é colocada na sua esfera jurídica. *A vende a B um prédio de que é comproprietario, na intenção de os restantes comproprietários ficarem com os direitos e obrigações resultantes da venda*[20]

---

[19] E necessário, porém, que o acto não esteja abrangido pelo regime da gestão de negócios pois, se nele se integrar, deixará de ter autonomia conceitual.

[20] Sobre estes contratos vd. HEDEMANN, *Tratado de Derecho Civil*, III, 1958, *Derecho de obligaciones,* p. 109, IV; MESSINEO, *ob. cit.,* pp. 657 e segs.; FERRARA--SANTAMARIA, *Il contratto a danno dei terzi,* 1939; Ennecerus-Lehmann, *Derecho de obligaciones,* p. 173; DOLLE, «Neues Handeln in Privatrecht», *Festschrift F. Schulz,* 1951, II, pp. 268 e segs.; CARIOTA-FERRARA, *I negozi sul património altrui, cit.,* n.º 3; LARENZ, *ob. loc. cits.,* ENNECCERUS – NIPPERDEY, *Parte General,* 191, nota 1 a; Sraffa, «Contratto a danno dei terzi», *R. D. Comm.,* 1903, pp. 453 e segs.; GIOVENNE, *Il negozio giuridico rispetto ai terzi,* n.ᵒˢ 50-51: BETTI, *Teoria generale del negozio giuridico,* 1960, 3.ª ed., 2.ª reimp., 1960, § 32 d e § 49 b.

Os contratos a cargo de terceiro constituem o oposto da representação, do mandato sem representação e da gestão de negócios.

Em todos estes institutos, quer se aja em nome próprio quer se actue em nome alheio, procede-se sempre por conta, no interesse de outrem, com a intenção de que os resultados da acção fiquem a pertencer a este outrem – ou imediatamente ou por um acto posterior de transferência.

Nos contratos a cargo de terceiro a posição do agente é bem diversa: actua em nome e interesse próprios mas com a intenção de que a sua posição contratual se vá em bloco radicar na esfera jurídica de um terceiro, estranho ao negócio; não existe qualquer espécie de vínculo ou de justificação legal que autorize tal intromissão.

No que se refere à viabilidade de tais negócios, o julgamento que emitimos é semelhante ao proferido para a categoria tratada no numero anterior: são eles ineficazes perante o terceiro e os prejuízos a este eventualmente causados deverão ser objecto de reparação segundo as regras de responsabilidade extracontratual. Assim o exige a relatividade dos contratos.

Para que o terceiro seja vinculado é necessário que dê o seu assentimento, o que o torna parte contratual.

Em alguns casos, nos quais parece verificar-se que alguém dispõe de um direito alheio e se conclui que tal actividade é lícita, a questão localiza-se fora deste âmbito. Com efeito, averigua-se que estamos perante um caso enquadrável na gestão de negócios, mandato sem representação ou cessão de uso e posse[21], promessa de facto de outrem, etc.

E possível, com efeito, que a celebração de um contrato a cargo de terceiro nada mais signifique do que a obrigação de obter do terceiro, em cuja esfera jurídica se quer colocar o negocio, o assentimento para a transferência contratual (cessão do contrato, por ex.), ou a ratificação do negocio, que passara por ter sido celebrado em gestão de negócios, por exemplo. O que excluirá sempre, de qualquer modo, a imposição automática e contra a vontade do negócio ao terceiro.

---

[21] A proprietária de uma casa autorizou outrem a dá-la de arrendamento em nome próprio. Cf. ENNECCERUS-LEHMANN, *Parte General, loc. cit.*

Embora imaginável em termos gerais como simples figura teórica, parece haver pelo menos um caso que a concretiza: referimo-nos aos contratos colectivos de trabalho quando estes se impõem a pessoas colectivas ou singulares diversas das que os celebraram.

Uma associação patronal celebra com um sindicato um contrato pelo qual são atribuídos salários mais elevados aos operários do sector em causa. Este contrato obrigará não só as empresas não filiadas na associação patronal mas também os operários não sindicalizados. Todos ficarão obrigados pelo contrato como se tivessem participado nele, independentemente portanto de assentimento posterior.

Em termos gerais sucederá, por vezes, que certos efeitos do contrato se vão reflectir na esfera jurídica do terceiro. Umas vezes tratar-se-á de meros efeitos económicos e indirectos, resultantes da estreita interdependencia económica da sociedade moderna. Estes efeitos, que podem ser importantíssimos ao nível económico e não têm sido objecto de uma consideração sistemática pelo direito, estão fora da nossa análise.

Agora já no plano jurídico, há que lembrar o pacto de resgate exercido quando a coisa já passou para as mãos de um terceiro. Mas também esta situação exorbita do âmbito da nossa análise, estando, além disso, o terceiro protegido pela necessária publicidade desse pacto.

5. Contratos a favor de terceiro e representação

Há representação quando se age em nome de outrém para que na esfera jurídica deste se produzam os efeitos dessa actuação[22].

As dissemelhanças entre a representação e o contrato a favor de terceiro têm sido acentuadas pelos autores[23], com o objectivo de

---

[22] Sobre este conceito e a representação em geral, vd. MANUEL DE ANDRADE, *Teoria Geral da Relação Jurídica*, II, 1960, p. 285 e segs.

[23] ANTUNES VARELA, ob. cit., p. 278; Betti, Teoria generate del negozio giuridico, cit., 562 a); DISTASO, ob. cit., p. 1007; F. MESSINEO, «Contratto», cit., na Enc. Dir., p. 196, e Dott. Generale del contratto, p. 411 c); VON TUHR, ob. cit.,

eliminarem qualquer equívoco quanto às relações entre o promissário e o terceiro, equívoco que desvirtuaria a essência do contrato a favor de terceiro e os interesses que ele serve.

Na representação, o representado é o verdadeiro contraente[24]; o contrato celebra-se em seu nome; é ele o único titular da posição jurídica que resulta do contrato, é parte e não terceiro. A esfera jurídica do representado é a única destinatária dos efeitos de direito decorrentes da actividade do representante. Em resumo: é, «grosso modo», ao representado que pertence, desde logo e inteiramente, uma das posições contratuais[25].

No contrato a favor de terceiro, pelo contrário, os únicos contraentes são os intervenientes no negócio (estipulante e promitente, não se excluindo a representação de um ou de ambos), enquanto que o terceiro, estranho ao negócio, nada mais é do que o titular de um direito que dele resulta[26]. Nesta categoria contratual é ao promitente e ao promissário que, na sua qualidade de contraentes, ficam a pertencer os direitos e as obrigações derivadas do negócio, ressalvada a excepção de um direito que é atribuído ao terceiro; direito que pode ter, porém, a maior importância na estrutura jurídica e na dinâmica económica do negócio.

Esta diversidade de estrutura reflecte-se nos mais decisivos aspectos do regime jurídico das duas figuras.

O representante, em regra, não tem (e não é preciso que tenha) interesse no negócio, mas o estipulante já deve estar revestido dele, por ser credor.

---

p. 197, 2; Vaz Serra, ob. cit., pp. 46 e segs.; Maruitte, La notion juridique de gestion d'affaires, 1931, pp. 137 e segs.; Flattet, Les contrats pour le compte d'autri, 1950, pp. 1-45 e segs; Windscheid, 1904, II, I, § 316, a, nota 1; Unger, cit., p. 61; Hellwig, Die Verträge, tit., p. 48-65; Pacchioni, I contratti a favore di terzi, cit., p. 240 c segs.; L. Cariota-Ferrara, «Diritti potestativi», cit., pp. 351 e segs.

[24] Antuness Varela, ob. cit., p. 278.

[25] Cf., contudo, o art, 259.°, 1, do Código Civil e respectiva anotação in Código Civil Anotado, cit.

[26] Antunes Varela, ob. loc. ult. cits.

No contrato a favor de terceiro o estipulante pode dispor do contrato até ao momento da adesão do terceiro. Este pertence-lhe e, até que o terceiro defina o seu interesse em beneficiar efectivamente do contrato, o interesse do estipulante sobreleva o do terceiro. Pelo contrário, o representante não pode dispor do negócio a partir do momento da celebração. O negócio não lhe pertence, por não lhe pertencer o interesse tutelado.

No contrato a favor de terceiro, este não é parte em sentido substancial ou formal: é, muito simplesmente, terceiro, estranho ao contrato que é «res inter alios».

Na representação, o representante não é parte em sentido substancial, mas unicamente em sentido formal pois, embora participando na conclusão do negócio, não sofre os seus efeitos. A sua posição é intermédia entre a de parte (em sentido substancial) e a de terceiro[27]; parte em sentido substancial é o representado por ser este que tem interesse no contrato e suporta os seus efeitos.

Em conclusão: a diferença fundamental (que vale também para a representação sem poderes[28], para aquela de que derivam só direitos para o representado e para a combinação de ambas as figuras) reside no facto de, na representação, o contrato ser celebrado (por parte do representante) em nome alheio e, no contrato a favor de terceiro, o ser (do lado do estipulante) em nome próprio.

O terceiro pode ser autorizado a receber a prestação no seu próprio interesse (apropriando-se dela a título de doação, mútuo, etc.), embora como representante do credor[29]. Mas, neste caso, como o terceiro é um representante, não se trata de contrato a favor de terceiro.

---

[27] Messineo, «Contrato», loc. cit.

[28] Na representação sem poderes, o negócio concluído permanece num de ineficácia ate a notificação do representado. Se esta sobrevier, o negócio passara a ter validade «ex tunc» no património do representado; se ela não surge, o negócio será definitivamente ineficaz ou nulo. Cf. L. CARIOTA-FERRARA, Diritti..., cit., p. 358, e Negozio, cit., p. 376.

[29] VAZ SERRA, «Do cumprimento como modo da extinção das obrigações, B.M.J., 34, p. 67.

Com base nos princípios enunciados, não será trabalhoso extremar o mandato sem representação ou representação indirecta (contrato em nome próprio e por conta de outrem) do contrato a favor de terceiro.

No mandato sem representação os direitos e obrigações nascem, numa primeira fase, na esfera jurídica do mandatário e, numa segunda fase, o mandante tem o direito de exigir do mandatário a transmissão desses direitos contratuais, substituindo-se-lhe, por esse motivo, na posição do contraente[30].

Do contrato a favor de terceiro resulta para este, e por mero efeito da sua conclusão, um benefício tutelado por um direito.

As outras diferenças, que já referimos acerca da representação, serão aqui aplicáveis com ligeiras alterações.

No mandato sem representação, o mandatário age em nome próprio, mas por conta de outrem. No contrato a favor de terceiro, o estipulante contrata em nome e interesse próprios.

A «adiectio solutionis causa» é uma figura que, não muito longe da representação e podendo confundir-se externamente com o contrato a favor de terceiro, convém ser precisada em relação a este último.

Na «adiectio solutionis causa» o devedor é simplesmente autorizado a exonerar-se mediante prestação a um terceiro («adiectus») encarregado de a receber. Este não pode exigir a prestação, pois tão só lhe é lícito recebe-la[31].

---

[30] Quanto aos créditos, e por força do disposto no artigo 1181.º, 2, o mandante pode substituir-se ao mandatário no exercício dos respectivos direitos.

[31] Esta noção que é de VAZ SERRA (*Do cumprimento, cit.*, pp. 67 e segs. e *Contratos a favor de terceiro, cit.*, p. 45) e de MANUEL DE ANDRADE (*Teoria Geral das Obrigações, cit.*, p. 281) está longe de ser pacífica na doutrina estrangeira. Greco («Delegazione (diritto civile)», *Nov. Dig. It.*, V, p. 331), entende que a «adiectio» pressupõe um acordo, ao contrário da indicação, para a qual bastaria uma simples declaração unilateral do credor. Schlesinger (*ob. cit.*, p. 73 e segs.) acrescenta que, embora o «adiectus» traduza figura semelhante ao representante voluntário, ele poderá consubstanciar uma figura de mais amplo significado, no sentido de obrigar o devedor a entregar a prestação só ao «adiectus», de compelir o credor a não revogar a representação, ou de estabelecer este regime complexo, com carácter obrigatório para ambas as partes. Mas, como estas características

Trata-se de uma obrigação de faculdade alternativa no que se refere ao sujeito, pois o «receptador» principal continua a ser o credor, constituindo o «adiectus» um instrumento de recepção meramente subsidiário e facultativo.

O direito que o devedor tem de também se exonerar pagando ao «adiectus», não lhe pode ser subtraído pelo credor[32].

6. Contratos a favor de terceiro e gestão de negócios

Limitar-nos-emos, no que se refere às extremas entre os contratos a favor de terceiro e a gestão de negócios, a desenvolver as ideias anteriores. Efectivamente, a gestão também constitui um actuar por conta de outrem e, muitas vezes, em nome de outrem[33]; com a diferença, perante a representação, de que o gestor assume a direcção de negócio alheio, no interesse e por conta o dono de tal negócio, mas sem autorização deste.

Há profundas diferenças entre a gestão de negócios e os contratos a favor de terceiro, provenientes dos diversos interesses em jogo e consubstanciadas em outra distribuição dos papéis dos sujeitos presentes. Qualquer identificação entre o gestor e o promissário, e entre o «dominus» e o terceiro, é ilusória.

Nos contratos a favor de terceiro a posição contratual (direitos e obrigações) pertence ao estipulante que dela destaca unicamente

---

não são, para este Autor, consideradas essenciais, a figura do «adiectus» perderia todo o seu sentido. Só o manteria se, Com NICOLÒ (*L'adempimento dell' obbligo altrui*, 1936, pp. 136 e segs.), se entendesse ter a autorização (acto unilateral do credor indicando um procurador à cobrança) o único efeito de permitir pagar ao terceiro.

[32] Excluem-se desta impossibilidade de revogação certos casos impostos pela boa fé. Cf. VAZ SERRA, *Do cumprimento, tit.,* pp. 67-8.

[33] Sobre a distinção entre contrato a favor de terceiro e gestão de negócios, vd. ANTUNES VARELA, *ob. cit.,* p. 322, nota 2 e p. 331; ALMEIDA COSTA, *Direito das Obrigações, tit.,* p. 112; M. MARUITTE, *ob. cit.,* p. 137 e segs.; VAZ SERRA, *ob. cit.,* pp. 67 e segs.; GIRINO, *ob. cit.,* pp. 110 e segs.; PLANIOL, RIPERT e ESMEIN, *cit.,* VI, n.ºs 353-4; MARTY e RAYNAUD, *ob. cit.,* n.º 269; FLATTET, *ob. cit.,* p. 145 e segs.

benefícios para serem atribuídos ao terceiro. A pertinência do contrato ao estipulante reflecte-se no poder de disposição que lhe assiste, até ao momento da adesão do terceiro, do direito atribuído a este.

Na gestão, o gestor actua com a intenção de atribuir ao «dominus», se não os efeitos jurídicos, pelo menos os efeitos práticos da sua intervenção[34].

E estes efeitos práticos podem ser prejudiciais (encargos).

O gestor lida, portanto, com algo que não lhe pertence.

Não só não pode dispor da tutela do interesse em causa, tendo de seguir os ditames da vontade presumível do «dominus», como continuará vinculado à gestão se não lhe puder pôr um fim justificado

No contrato a favor de terceiro há dois interesses: o do promissário e o do terceiro. O primeiro é dominante até ao momento da adesão do terceiro, o que implica, para o seu titular, o poder de dispor da respectiva tutela. A partir da adesão, o interesse do terceiro sobreleva-o. Embora o promissário continue a poder actuar a tutela do interesse em jogo, este direito encontra-se limitado pelo direito concorrente e superior do terceiro à tutela e a disposição do seu interesse.

De qualquer modo, a posição jurídica contratual pertence sempre ao promissário. Na gestão de negócios o «dominus» tem o direito de pedir contas da gestão ao gestor e de agir contra ele por via da «actio contraria»; no contrato a favor de terceiro o terceiro tem só um direito perante o promissário.

Enquanto no contrato a favor de terceiro o direito é adquirido pelo beneficiário imediatamente e por efeito de contrato, na gestão há que distinguir. Se o gestor agiu em nome de outrem, a sua actividade é regulada pelos princípios da representação sem poderes e o negócio só é eficaz para a pessoa em cujo nome foi celebrado, se esta o ratificar. Se, porém, o gestor actuou em nome próprio, adquire os efeitos da sua actuação, embora os deva transferir posteriormente para o «dominus».

Finalmente – e esta é certamente a nota essencial – na gestão há uma autêntica substituição de pessoas: o gestor negoceia em vez

---

[34] ANTUNES VARELA, *ob. loc. ult. cits.*

do «dominus». No contrato a favor de terceiro, este último só é titular de um direito; está fora do contrato, não havendo, por isso, interposição do estipulante. Haverá na gestão uma intrusão maior na esfera jurídica alheia do que nos contratos a favor de terceiro. Enquanto que, nestes últimos, a personagem fundamental é o promissário (que faz nascer o direito, o molda e dispõe largamente da sua tutela) na gestão, o ponto de referência é o «dominus», a. cujos interesses e vontades o gestor deveria subordinar-se. O gestor, cumprida a missão, desaparece.

Que dizer quando a gestão se processa «animus donandi», ou seja, quando o gestor renuncia à remuneração, reembolso das despesas e reparação dos danos por si sofridos[35]?

Não parece que a situação se altere substancialmente. Apesar de agora só se atribuírem vantagens, e não os encargos respectivos, mantém-se a interposição de pessoas, o agir por conta de outrem, a situação, neste sentido transitória, do gestor.

Se a gestão é em nome próprio, a distinção é, na prática, bastante difícil em relação aos contratos a favor de terceiro. Contudo, o critério enunciado – objecto e processo da aquisição e posição dos sujeitos – continua a pedra de toque dessa distinção.

7. Assunção de dívida e contrato a favor de terceiro

A assunção de dívida realiza-se quando, mediante contrato, um terceiro se constitui sujeito passivo de uma dívida que vinculava outrem[36].

---

[35] Sobre esta noção vd. ANTUNES VARELA, *ob. cit.*, p. 332.
[36] Sobre a assunção de dívida: VAZ SERRA, «Assunção de dívida», *B.M.J.* 72, p. 189 e segs.; LARENZ, *ob. cit.*, § 35; PIRES DE LIMA e ANTUNES VARELA, *ob. cit.*, com. aos arts. 595 e segs.; MARTY e RAYNAUD, *ob. cit.*, n.º 802 e segs.; COLIN, CAPITANT E DE LA MORANDIÈRE, *ob. cit.*, II, n.º 1672 c segs.; PUIG BRUTAU, *Fundamentos de derecho civil*, III, II, s.d., p. 387 e segs.; RESCIGNO, «Accolo», *Noviss. Dig. It.*, p. 140 e segs., e «L'assunzione dell'obbligo altrui», *Arch. Giur.*, CXLI, 1951, p. 79 e segs.; BETI, *Oblig.*, HI, §§ VII e IX; MESSINEO, *Manuale, cit.*, §§ 109 e segs.; BARBERO, *Sistema istituzionale del diritto privato italiano*, II, 3.ª ed.,

A assunção compreende duas modalidades: co-assunção ou assunção cumulativa e assunção liberatória. Na primeira, o novo devedor junta-se ao antigo; na segunda, há uma mera substituição de devedores.

A assunção liberatória dá-se por contrato entre o antigo e o novo devedor, ratificado pelo credor (art. 595.º, *a)* do Código Civil) ou por contrato entre o novo devedor e o credor, com ou sem consentimento do antigo devedor (art. 595.º, *b)*.

Em qualquer caso, refere o n.º 2 do art. 595.º, a transmissão só exonera o antigo devedor havendo declaração expressa do credor.

Uma vez obtido o consentimento do credor, a dívida assumida pode ser a mesma do anterior devedor (assunção privativa ou sucessão singular na divida) ou diferente (assunção novativa). Dependerá da manifestação de vontade das partes estarmos perante aquela ou esta. Na ausência de uma declaração de vontade, é de presumir que se trata de uma sucessão na dívida[37].

Não havendo declaração liberatória expressa do credor, o novo credor é obrigado solidariamente com o antigo (art. 595.º, 2), a não ser que se tenha condicionado a sua obrigação à liberação do outro devedor.

1951, pp 194 e segs.; BIGIAVI, *La delegazione*, 1940, n.ºˢ 35 e 37; CICALA, «Accolo», *Enç Dir.*, I.

Com referência aos contratos a favor de terceiro: VAZ SERRA, «Promessa de liberação e contrato a favor de terceiro», *B.M.J., 72*, p. 83 e segs. e *ob. ult. tit.;* Rescigno, «Accollo e contrato a favore di terzo», *B.B.T.Ç*, 1953, p. 36 e segs.; W. BIGIAVI, «Accollo e contrato a favore di terzo», *Foro It..* 1942. p. 917 e *segs.;* VON TIIHP, *ob cit.*, 201, 6; ORLANDO GOMES, Obrigações, 1961, n.º 128; MAJELLO, *L'interesse dello stipulante net contrato a favore di terzi*, 1962, n.º 32.

[37] Como se infere, «a contrario», do artigo 859.º do Código Civil. No mesmo sentido: BARASSI, *Teoria generate delle obblig., cit.*, pp. 331 e segs.; STOLFI, «Appunti sulla cosidetta sucessione nel debito», *R.D.P.C*, 1948, 739; TRABUCCHI, *Istituzioni di diritto civile*, 14.ª ed., 1964, p. 549, nota 1; BARBERO, *Sist. 1st., cit.*, p. 202 e segs.

Inclinando-se no sentido da novação vd. SANTORO-PASSARELLI, *Dottrine generali del Diritto civile*, 6.ª ed., 1967, pp. 91 e segs.; CORRADO, «Il trasferimento delo debito», *R. D. Priv.*, 1943, 1, p. 1502 e segs.

A solidariedade imposta pelo art. 595.º, 2, não é, porém, uma solidariedade perfeita[38]. Embora no plano externo se verifiquem as características típicas da solidariedade, no plano interno não há a responsabilidade por quotas ou partes da dívida comum, incidindo esta dívida, na realidade, sobre só um dos devedores.

A desigualdade de causa ou fonte das obrigações dos devedores produz a responsabilidade de só um deles e, dada a diversidade de interesses em jogo que reflecte, faz nascer normalmente certa disparidade entre o regime jurídico das obrigações originárias dessas diferentes fontes e a regulamentação típica da solidariedade[39].

O contrato de assunção (cumulativa) de dívida também pode ser celebrado, no uso da liberdade contratual, entre originário e novo devedor, cumulando-se as obrigações de ambos na satisfação do direito do credor.

Ao lado desta assunção externa de dívida, encontra-se uma outra forma conhecida por promessa de liberação ou assunção interna, em que o terceiro se obriga para com o devedor a satisfazer a dívida deste. Mas, contrariamente à assunção externa, não resulta deste acordo nenhuma nova obrigação para com o credor, perante o qual o antigo devedor continua a ser o único obrigado. É o que dispõe o artigo 444.º, 3, do Código Civil, fundado no princípio da relatividade dos contratos e na vontade presumida das partes.

A integração destas modalidades no quadro dos contratos a favor de terceiro tem levantado larga controvérsia.

A simples promessa de liberação é de excluir, sem dúvida, do âmbito dos contratos a favor de terceiro. Com efeito, dela não resulta para o credor, presumível beneficiário, qualquer vantagem e muito menos qualquer direito. As partes (antigo e novo devedor) levaram em conta os seus interesses e não os de outrem[40].

---

[38] ANTUNES VARELA, *ob. cit.*, p. 530-1 e VAZ SERRA, «Pluralidade de devedores ou de credores B.M.J. 69, n.º 11.

[39] ANTUNES VARELA, ob. loc. ult. cit., e R.L.J., 103, p. 31.

[40] A referência à simples promessa de liberação na parte do Código Civil consagrada aos contratos a favor de terceiro parece revelar a ideia do legislador de que, embora esta não seja um contrato a favor de terceiro em sentido próprio, outras assunções de dívida o serão.

No que se refere à assunção externa, a doutrina até não há muito dominante na Itália[41] via na assunção de dívida um contrato a favor de terceiro. Porém, neste e noutros países, outras teorias têm sido elaboradas sobre a natureza jurídica da assunção de dívida: negócio de disposição de direito alheio[42], negócio aberto à adesão do credor[43] ou preparatório da expromissão; acto dispositivo do credor sobre o crédito, inseparável de um outro negócio com eficácia obrigacional[44]; etc.

O problema não parece, porém, susceptível de uma solução unitária. Haverá que analisar, de per si, as diversas espécies de assunção de dívida.

Não haverá contrato a favor do credor (presumível terceiro--beneficiário) na assunção liberatória, por duas ordens de razões.

A primeira reside no facto a substituição de devedores não trazer, em regra, nenhum benefício para o credor. Este continua com direito à mesma prestação, eventualmente subordinada às mesmas cláusulas. O novo devedor pode ser mais solvente ou mais pronto, motivo pelo qual o credor terá acedido a substituição. Mas, mesmo esta vantagem é, normalmente, indirecta e como tal «não querida», não constitui o objecto autónomo de qualquer direito, não tem relevo jurídico. Não integra o objecto de um direito de que o credor possa dispor, que possa rejeitar ou a que possa aderir autonomamente. O antigo e o novo devedor contrataram a substituição considerando unicamente os seus interesses e não os do credor – que, contudo, podem ter sido reflexamente tão beneficiados com a substituição que o tenham levado a liberar o antigo devedor.

O segundo motivo pelo qual não se trata de um contrato a favor do credor consiste no facto de a liberação do antigo devedor exigir a ratificação pelo credor do contrato entre o antigo e o novo devedor; ou a sua declaração expressa de liberação no contrato que celebrou com o novo devedor.

---

[41] Vd. autores cits.
[42] BLOMEYER, Allgemeines Schuldrecht, 1964, pp. 316 e segs.
[43] DONADIO, ob. loc. ult. cits.
[44] LARENZ, ob. loc. ult. cits.

Estas intervenções do credor retiram-lhe a qualidade de estranho ao contrato, a posição de terceiro. É o que se passa quando a liberação deriva de contrato entre o credor e o novo devedor. Mas é igualmente o que sucede a quando da sua ratificação. Esta reveste carácter constitutivo, não sendo simples adesão a um direito já adquirido.

Assentamos, portanto, em que na assunção liberatória não há contrato a favor do credor. Haverá contrato a favor do devedor liberado?

O contrato é agora celebrado entre o credor e o novo devedor[45], dispensando-se o consentimento do antigo devedor. Portanto, desde que este não intervenha no negócio e, deste modo, seja qualificável de terceiro, temos, com a existência de outro requisito necessário – a outorga de um benefício, neste caso a sua liberação –, todos os elementos para podermos dizer que estamos perante um contrato liberatório a favor de terceiro (antigo devedor). O novo devedor visa assumir a dívida do anterior, a título de liberalidade ou por a isso se ter obrigado em virtude de uma compensação prestada pelo credor originário. Esta relação de valuta é, porém, externa ao contrato a favor de terceiro, não alterando portanto o carácter vantajoso que a liberação assume externa ou objectivamente[46].

No que se refere à assunção cumulativa, há uma significativa corrente doutrinal que entende que ela se traduz num contrato a favor de terceiro[47]. Haverá, todavia, que distinguir.

---

[45] A intervenção deste pode derivar de iniciativa própria ou ser promovida por outrém. Neste último caso haverá um duplo contrato a favor de terceiro: entre aquele e o assuntor, a favor do devedor liberado; e entre o assuntor e credor, também a favor deste último.

[46] A diferença de regimes jurídicos entre a assunção e os contratos a favor de terceiro (art. 595.º e segs. e 443.º e segs., respectivamente) não constitui um obstáculo a este ponto de vista, dado o carácter supletivo das disposições que se referem aos contratos a favor de terceiro e a ausência de antagonismos entre os dois regimes.

[47] Vaz Serra, obs. cits.; Marty e Raynaud, ob. loc. cit.; Larenz, ob. cit., § 31, II (contrato a favor de terceiro em sentido amplo): Von Tuhr. ob. cit., p. 201, 6.

Se a cumulação de devedores resulta de um contrato entre o credor e o novo devedor, não há contrato a favor do credor, pois este, embora receba uma vantagem tutelada por um direito, é parte no contrato de onde ela resulta.

Em geral, também não haverá contrato a favor do devedor originário por este não sair beneficiado. A não ser que a assunção cumulativa acarrete para o antigo devedor a regalia de um prazo mais dilatado de cumprimento, de menores juros, etc. Nestes casos, já o devedor recebe um benefício tutelado por um direito. Haverá, portanto, contrato a favor de terceiro.

Tratando-se de contrato entre devedores, haverá ainda que operar uma sub-distinção, conforme a co-assunção seja legal ou voluntária.

Se o contrato entre o originário devedor e o novo visava a transmissão da dívida (al. *a*) do art. 595.º) e só a falta de acordo do credor impediu tal transmissão, tornando a assunção cumulativa, parece que não se preenchem, em toda a sua pureza, os requisitos necessários para a existência de um contrato a favor de terceiro. Com efeito, os contraentes não agiram com a intenção de atribuir um direito ao credor. Este direito resulta meramente da lei que, para isso, faz tábua rasa da vontade das partes, em princípio contrária. Trata-se de um direito «ex lege» e não de origem contratual. Seria, quando muito, e se admitíssemos tal categoria, um «contrato» a favor de terceiro «ope legis»[48].

O mesmo já não se poderá dizer se a vontade das partes, livremente formada no uso da sua liberdade contratual e averiguada segundo os normais processos de interpretação e de integração, era dirigida à constituição de uma assunção cumulativa.

O benefício que *A* e *B* contratam a favor de *C* é a cumulação de devedores, ou seja, a junção de *A* a *B* como devedor de *C*. Este continua titular do direito de exigir a mesma dívida mas, pelo facto de a poder exigir de mais um obrigado, vê a sua situação melhorada. Adquiriu um novo direito, o de exigir a prestação também do novo devedor.

---

[48] Vd. infra cap. III, n.º 3.

Parece incorrecto dizer-se que não se trata de mais do que de uma vantagem económica, indirecta ou reflexa. O que interessa saber é se as partes quiseram atribuir ao credor um direito a exigir um benefício novo, se era essa a finalidade que o contrato visava. Nos contratos a favor de terceiro fala-se de benefício titulado por um direito e não só de direito a uma «prestação» nova, o que seria restringir injustificadamente o seu âmbito. E, vendo bem, exigir cinquenta contos também a um novo devedor solvente pode ter tanto interesse económico como se o débito só agora surgisse: suponhamos que o originário devedor estava insolvente.

A referência sistemática que a lei civil faz a «prestação» nada mais representa do que um processo de técnica legislativa. Os contratos a favor de terceiro com eficácia obrigacional, em que há realmente uma prestação, são, sem dúvida, os mais frequentes de todos (contrato de seguro a favor de terceiro, por ex.). Por outro lado, a referência a prestação permite simplificar a redacção e esclarecer as disposições.

É certo que entre o regime do contrato a favor de terceiro e o da assunção de dívida existem diferenças de certo vulto: o promissário pode revogar unilateralmente a promessa, no primeiro, enquanto o sujeito que ocupa o seu lugar, no segundo, já o não pode fazer; as excepções oponíveis na assunção de divida (art. 598.º) também não coincidem com as invocáveis no contrato a favor de terceiro (art. 449.º). Qualquer destes dois aspectos não é, porém, decisivo. Assim, também no contrato a favor de terceiro, o promissário pode renunciar «ab initio» ao seu direito de revogação – ou acontecerá mesmo entender-se que as normas da boa fé, inspiradas pela relação de valuta, o impedem de exercer esse direito.

Quanto ao segundo aspecto, este só revela que o promitente vem assumir uma obrigação (prestação) que já existia, e não uma nova.

8. Delegação, assunção de dívida e contrato a favor de terceiro

A delegação é uma figura que aparece geralmente associada, nas obras doutrinais, nas legislações e na prática, à assunção de dívida.

A delegação consiste no contrato pelo qual uma pessoa encarrega uma outra de realizar certa prestação a um terceiro que a recebe em nome próprio[49].

Se este terceiro é credor do delegante, e a obrigação de prestar assumida pelo delegado tem o mesmo conteúdo da obrigação do delegante perante o terceiro delegatário, a função da delegação é a mesma da assunção de dívida, o que explica a sua normal confusão.

A delegação opera-se, porém, através de um verdadeiro contrato a favor de terceiro. Para esclarecer esta afirmação, vejamos as extremas entre a assunção de dívida, a delegação e o contrato a favor de terceiro.

Quando o delegado assume a mesma dívida que competia ao delegante perante o delegatário, tratar-se-á de assunção de dívida. Não se verificarão os pressupostos do contrato a favor de terceiro se a intervenção do terceiro-delegatário for exigida a título de ratificação. Se a prestação fôr a mesma e isso resultar do contrato, ou seja, se o delegado assumir a dívida do delegante, é esta dívida que serve de pressuposto e de medida da sua obrigação: assim, não será obrigado a cumprir, se esta não existir; ou deverá fazê-lo nos mesmos termos a que era adstrito o delegante; etc. Se a prestação era diversa da dívida, ou a identidade não resultava do contrato, o delegado não assume a dívida do delegante, sendo só o contrato a favor de terceiro, entre o delegado (promitente) e o delegante (promissário), que serve de pressuposto e de medida da sua obrigação.

Não haverá assunção de divida, mas só contrato a favor de terceiro, na chamada delegação activa (por contraposição à delegação

---

[49] Vd. art. 1268.º do Código italiano e: VAZ SERRA, cit., p. 50 e «Delegação», B.M.J. 72; BIGIAVI, La delegazione, n.º 35; MARTY e RAYNAUD, p. 847 e segs.; GRECO, «Delegazione e contratto a favore di terzo», Foro It., 1931, I, p. 105 e segs.; MESSINEO, Dott. gen. del cont., p. 411; MAJELLO, L'interesse, cit., p. 65 e segs.; DISTASO, I contratti, cit., 1008, a); ANDREOLI, La delegazione, 1937, pp. 363 e segs.; PLANIOL, ESMEIN, RADOUANT e GABOLDE, Traité Pratique de droit civil français, 2.ª ed., 1954, VII, n.º 1279; E. BETTI, Teoria generate delle obblig., tit., III, 2, IV, p. 93; GRECO, «Delegazione», Nov. Dig. It., p. 327 e segs.; RESCIGNO, Enc. Dir., XI, p. 929 e segs.

passiva que temos vindo a descrever). Na delegação activa o delegante não visa satisfazer uma posição passiva que tinha perante o delegatário, mas antes assumir uma posição activa: fazer uma doação, entregar-lhe uma quantia a título de mútuo ou de depósito, etc.

9. Contrato a favor de terceiro e contrato para pessoa a nomear

Uma corrente doutrinal, representada sobretudo na Itália[50], pretendia a integração do contrato para pessoa a nomear no contrato a favor de terceiro: tratar-se-ia de um contrato entre promitente e estipulante cujos efeitos viriam a repercutir-se no património do terceiro quando este fosse regularmente nomeado pelo estipulante. A equiparação era feita sobretudo entre contrato para pessoa incerta a nomear e contrato a favor de terceiro indeterminado.

As diferenças entre as duas categorias contratuais parecem hoje, porém, bem estabelecidas[51].

No contrato a favor de terceiro, o estipulante e o promitente são, durante toda a vida da relação contratual, os únicos contraentes; sobre eles impendem as obrigações e a maioria dos direitos correspectivos, salvo um que é atribuído ao terceiro. Este, mesmo depois da sua adesão, mantém-se estranho ao contrato.

Pelo contrário, no contrato para pessoa a nomear, uma vez ratificada a nomeação (ou apresentado documento comprovativo de procuração anterior ao contrato), um dos contraentes desaparece, sendo-lhe substituído o nomeado que passa a figurar no contrato com se tivesse sido contraente desde a sua celebração[52].

---

[50] PACCHIONI, I contratti a favore di terzi, cit., pp. 220 e segs., § 14; SCHEGGI, Lezioni di diritto commerciale, III, 1946, p. 44; De Semo, Istituzioni di diritto privato, 1945, p. 429.

[51] Vd. ANTUNES VARELA, ob. cit., p. 304; ALMEIDA COSTA, ob. cit., pp. 113 e segs.; E. ENRIETTI, Il contratto per persona da nominare, 1950, pp. 104 e segs.; R. SCISCA, I contratti per persona da dichiarare, 1939, n.º 4; VAZ SERRA, «Contrato para pessoa a nomear», B.M.J. 79, pp. 163 e sees.

[52] ANTUNES VARELA, ob. loc. ult. cits.

No contrato a favor de terceiro o estipulante age em nome próprio, ao passo que no contrato para pessoa a nomear há uma «contemplatio domini».

No contrato a favor de terceiro é atribuído ao beneficiário um simples direito; no contrato para pessoa a nomear não se verifica esta cisão numa das posições contratuais. O «electus» adquire, por efeito da nomeação, a inteira posição contratual como se nunca de outra se tivesse revestido, sendo contraente desde o momento da feitura do contrato.

Os efeitos do contrato a favor de terceiro produzem-se perante o beneficiário, por mero efeito do contrato; no contrato para pessoa a nomear o «electus» só fica vinculado com a sua ratificação ou com a apresentação de instrumento de mandato anterior ao negócio.

O estipulante do contrato a favor de terceiro deve estar revestido de um interesse próprio que não se exige no contrato para pessoa a nomear.

No contrato a favor de terceiro a obrigação assumida pelo promitente em benefício do terceiro radica-se sempre nesse mesmo contrato entre estipulante e promitente. No contrato para pessoa a nomear a obrigação do promitente para com o nomeado tem a sua causa num negócio cujas partes (em sentido substancial) são o promitente e o «electus»[53].

10. Referência ao seguro por conta de outrem

A doutrina[54] usa distinguir duas modalidades dos seguros por conta: seguro por conta de a quem pertencer (ou de a quem respeitar), quando é seguro o interesse do contraente e (ou) de quem mostre futuramente ser titular desse interesse; seguro por conta de outrem, quando é coberto só o interesse do terceiro. Estas modalidades são largamente praticadas no direito marítimo, conhecendo nos seguros

---

[53] Vd. ENRIETTI, Il contratto per persona da nominare, cit.
[54] Vd., por todos, DONATI, Trattato del diritto dele assicurazioni private, II, p. 69.

terrestres também algumas aplicações. A mais corrente destas será, porventura, a do seguro automóvel em que, além de se cobrir a responsabilidade civil do proprietário do veículo, se segura também a do respectivo condutor.

A natureza jurídica deste seguro tem sido controvertida.

O artigo 6.º, 3, da lei francesa do seguro consagra o entendimento de que se trata de um seguro em benefício do contraente e, simultaneamente, de uma estipulação a favor de terceiro. Este ponto de vista é aceite pela respectiva doutrina[55]. Na Itália é corrente a doutrina da substituição[56].

No que se refere ao Direito português, a disposição do artigo 428.º do Código Comercial permite, em abstracto, o delineamento de diversos quadros típicos. Segundo este artigo, nos seguros *por conta de outrem* estão englobados os seguros feitos *por* outrem e *em nome* de outrem.

A qualificação do seguro em nome de outrem não oferece particulares dúvidas. Este compreenderá, tipicamente, os casos de representação e, de um modo geral, todo o agir em nome de outrem. A posição contratual de segurado será – ou pretenderá sê-lo – pertença jurídica da pessoa em nome de quem se actua. O seguro *por conta* de outrem aparece, portanto, descaracterizado, não costumando a doutrina englobar estes casos nesse conceito.

O seguro *por conta de outrem* reduz-se, portanto, no tratamento que os autores lhe dão, ao agir por conta, ao seguro *por* outrem, na terminologia do Código Comercial. Só aqui o seguro por conta assume autonomia e interesse; só neste âmbito aparecem dificuldades sérias de caracterização.

Se o contraente, aquele que age *por conta,* assume o conjunto dos direitos e das obrigações contratuais, cabendo ao titular do interesse seguro tão-só o direito a indemnização no caso de lesão desse interesse, tratar-se-á de contrato a favor de terceiro. Isto, quer

---

[55] Vd. por ex., PICARD e BESSON, *Les assurances terrestres,* I, p. 405.

[56] Cr. A. VENDITI. *L'assicurazione di interesse altrui,*1961, pp. 146 e segs.; G. FERRI, «Assicurazione per conto nella teoria del contratti», A. 1952, I, p. 376; etc.

o terceiro-titular do interesse segurado seja identificado desde logo, quer o seja mais tarde. Nesta última hipótese, o contraente celebrara o contrato para si mesmo, mas inserirá uma claúsula a favor de quem se mostrar posteriormente titular do interesse que agora é o seu; ou então, se não se segura o interesse do contraente, o contrato será desde logo só a favor de terceiro, mas de um terceiro indeterminado, a determinar objectivamente através da titularidade do interesse.

À qualificação que acabamos de expor não obsta o disposto nos arts. 429.º – a reticência de factos ou de circunstancias conhecidas pelo segurado e que teriam podido influir sobre a existência ou condições do contrato, tornam o seguro nulo – e 436.º do Código Comercial – nulidade do contrato no caso de o segurado conhecer a existência do sinistro no momento da conclusão do contrato.

Com respeito ao artigo 426.,º trata-se de simples ónus, ónus de declarar, que respeitam ao segurado. E os ónus podem competir ao beneficiário do contrato a favor de terceiro.

O artigo 436.º, ao incluir o segurado no sinalagma genético, fá-lo por evidentes razões conexas com o dever de boa fé, por entender que aquele está suficientemente próximo do vínculo para ser ligado pela boa fé, ao menos num ponto fundamental.

Como, na prática, o terceiro-segurado não assume qualquer obrigação, nomeadamente a obrigação de pagar o prémio[57]; os direitos decorrentes do contrato se mantêm em princípio na esfera jurídica do contraente, embora a favor de terceiro[58]; e o único direito que respeita ao terceiro é o de exigir a prestação do convencionado no caso de verificação do sinistro – o contrato de seguro por conta de outrem será qualificável, nos termos referidos, de contrato a favor de terceiro[59]. A figura de contrato de seguro por conta de outrem coincidirá, portanto, com a do contrato a favor de terceiro.

---

[57] Mesmo que a relação fundamental lhe imponha o dever de reembolsar o promissário.

[58] O contraente terá normalmente o direito de exigir a indemnização do segurado nos termos do contrato.

[59] Os ónus, como veremos (infra n.º 4, cap. IV) podem coexistir como direito do terceiro sem descaracterizar o contrato. Isto, mesmo que vão além dos referidos, por força da liberdade contratual que assiste as partes.

Poderá suceder, porém, que o contraente do seguro por conta de outrem actue com a intenção de que as obrigações e os direitos venham a recair sobre aquele outrem. E isto com efeito retroactivo, desde o momento da designação deste outrem ou do conhecimento da identidade do titular do interesse segurado. Nesta hipótese, que na prática será excepcional, tratar-se-á de um contrato para pessoa a nomear.

Se o contraente segura o seu interesse e seguidamente o de outrem, adquirindo este outrem, não só o direito a indemnização, mas também a posição contratual no seu conjunto, direitos e obrigações compreendidos, estaremos perante uma cessão da posição contratual a quem pertencer («contrato por conta de a quem pertencer»). No contrato para pessoa a nomear, o interessado existe desde o momento do contrato, embora seja desconhecido. No contrato por conta de a quem pertencer, o interessado (sucessivo) só se consubstancia posteriormente.

11. Contratos a favor de terceiro e sub-contratos

No sub-contrato, quem adquire o sub-direito fá-lo enquanto parte e não enquanto terceiro. Tem portanto de manifestar uma vontade nesse sentido. Não vê entrar o direito na sua esfera jurídica por simples efeito da vontade do promissário e do promitente, como sucede nos contratos a favor de terceiro.

Na sua qualidade de parte, aquele que adquirir o sub-direito é normalmente sujeito, não só de direitos como também de obrigações[60].

---

[60] Ver com interesse para esta distinção: BACCIAGALUPI, «Appunti per una teoria del sub-contratto», R.D.Com., 1943, I, pp. 181 e segs.; F. MESSINEO, Il contratto in genere, I, 1968, p. 744.

12. Relações que integram o contrato. Noções prévias

O contrato a favor de terceiro é, como vimos, o meio pelo qual uma das partes faz a um terceiro uma atribuição patrimonial indirecta. A relação entre as partes, promissário e promitente, reflecte e cria uma outra[61] entre o promissário e o terceiro beneficiário. A relação entre o promitente e o promissário é chamada de cobertura ou de provisão. A relação entre o promissário e o terceiro é denominada relação de valuta.

O contrato é celebrado, repetimo-lo, entre o promitente e o promissário, podendo a vantagem atribuída ao terceiro ter uma importância secundária na sua economia. De qualquer modo, o contrato é predominantemente a relação promissário-promitente. O terceiro – e a cláusula a seu favor – não constitui mais do que uma *direcção* diferente das vantagens a atribuir pelo promissário, vantagens que na generalidade dos contratos têm a contraparte como destinatário. É esta relação entre o promitente e o promissário que cobre, alimenta e provê o direito conferido ao terceiro, de onde resulta o seu nome de *relação de cobertura* ou *de provisão*.

É também esta relação que cria e molda o direito do terceiro. Este direito está dependente dela, não só na sua existência como também nos seus limites. As relações entre o promitente e o terceiro estão definidas por ela, no que se refere ao duplo aspecto dos direitos do terceiro em relação ao promitente e dos meios de defesa em relação ao beneficiário.

O direito do terceiro não se funda unicamente na relação de cobertura. Esta é a única decisiva nas relações entre o promitente – que não pode conhecer de outra – e o terceiro. E, de algum modo, o fundamento próximo do direito do terceiro.

A vantagem atribuída ao terceiro está também dependente da *relação de valuta* que constitui como que o seu fundamento longínquo e o fundamento próximo do contrato, da relação de cobertura.

---

[61] Reflecte uma relação anterior, se constituída em seu cumprimento. Se não lhe preexistia uma relação de valuta, esta é criada pelo próprio contrato.

O direito atribuído ao terceiro integra-se numa relação entre este e o promissário[62] que pode revestir as mais diversas formas. Pode destinar-se a cumprir uma obrigação do promissário resultante de um contrato oneroso (entrega do preço de uma quinta comprada pelo promissário); a realizar uma liberalidade; etc. O direito do terceiro está, portanto, submetido à realidade desta relação. Está-o, porém, só entre as partes da relação de valuta – promissário e terceiro – pois o promitente é-lhe estranho. Só o promissário, interveniente nas duas relações (cobertura e valuta), pode invocar os seus direitos provenientes de ambas: vícios da vontade, falta de forma, resolução por não cumprimento do promitente ou do terceiro, etc., quer antes quer depois da aquisição definitiva do direito pelo terceiro ou do cumprimento da prestação.

Estas noções serão desenvolvidas nos capítulos que se seguem. Adiantamo-las agora para melhor entendimento da sistematização estrutural usada. Esta distingue entre a relação promissário-promitente e a posição do terceiro e as suas relações com os outros sujeitos. A relação de valuta, embora objecto de numerosas referencias, não constitui o objecto de um capítulo autónomo por ser de algum modo exterior ao contrato.

---

[62] Relação que, repetimos, pode ser preexistente ao contrato ou criada por este.

CAPÍTULO III
RELAÇÃO PROMISSÁRIO-PROMINENTE

1. Direito do promissário ao cumprimento

O problema a resolver sob esta epígrafe é o de saber se o promissário é titular de um direito ao cumprimento da prestação convencionada – se o crédito do promissário é só dirigido à atribuição do direito ao terceiro ou também à execução da prestação; se compreenderá só o momento *genético* ou também o *funcional*.

Nos contratos a favor de terceiro com mera eficácia *inter partes* havia tão-só um direito subjectivo para o estipulante. O terceiro nada mais era do que um ponto de referência da prestação devida, não dispondo de qualquer direito perante o promitente.

Quando se começaram a admitir os contratos a favor de terceiro em sentido próprio, a situação inverteu-se aparentemente de um modo total: o beneficiário dispunha em exclusividade do direito de credito, podendo o estipulante agir no interesse deste, quando muito. Ou seja: a oposição entre as duas modalidades de contratos a favor de terceiro, com eficácia intema e extema, parecia completa[1].

Naqueles países em que a lei não se ocupa expressamente do direito do promissário, não falta, ainda hoje, quem resolva negativamente a questão de saber se o promissário tem o direito de exigir o cumprimento, para com o terceiro, do convencionado[2].

---

[1] Cf. TARTUFARI, Dei contratti a favore di terzi, p. 132; PACCHIONI, I contratti a favore di terzi, cit., pp. 233 e segs., etc

[2] Cf., por todos, MAJELLO, L'interesse dello stipulante, cit., pp. 175 e segs.

Afirma-se que, na ausência de disposição expressa, o contrato só produz efeitos entre as partes. Os direitos do terceiro e do promissário necessitam de uma consagração expressa. Na falta de referência expressa ao direito deste último, só o beneficiário pode exigir o cumprimento do estipulado a seu favor. Ou seja: pelo menos na fase funcional, o terceiro aparece como parte, em prejuízo do promissário.

Outra corrente, com representantes em Franca e na Itália, distingue entre as acções tendentes à realização, directa ou indirecta, do interesse tutelado pelo direito atribuído ao terceiro e as que respeitam a realização do direito. As primeiras, de entre as quais ressalta a acção de resolução, competem ao estipulante. As outras pertencem exclusivamente ao terceiro[3]. Trata-se de uma orientação que vem precisar o essencial da anterior, no sentido de que a fase genética do contrato pertence ao promissário, mas a funcional respeita ao terceiro.

A orientação largamente dominante atribui também ao promissário um direito de crédito, completo: o direito de exigir o cumprimento da prestação convencionada a favor de terceiro.

Para o direito alemão, o saber se o promissário adquire um direito a que se realize efectivamente a prestação ao terceiro é um problema de interpretação; em regra, é de supor que tal tenha sido a intenção das partes (§335). E, mesmo que o promissário não seja legitimado para reclamar a prestação ao terceiro, cabe-lhe a acção de declaração, se tiver interesse jurídico nela[4].

Nos direitos suíço[5] e grego (artigo 410.º do Código Civil) e no anteprojecto brasileiro do direito das obrigações (artigo 99.º) a solução é idêntica. A doutrina francesa entende que, como o estipulante tem interesse na execução do contrato, este interesse deve bastar para justificar o direito de constranger o promitente ao cumprimento[6].

---

[3] Vd. por. ex., PLANIOL, RIPERT e BOULANGER, Traité elementaire, II, 234 e segs.
[4] Cf. ENNECCERUS-LEHMANN, ob. loc. cits., III, 2.
[5] Vd. VON TUHR, ob. cit., 82, VI, e T. Guhl, ob. loc. cits.
[6] COLIN, Capitant e de la Morandière, ob. cit., n.º 992 e MARTY e RAYNAUD, ob. cit., n.º 263; PLANIOL e RIPERT, cit., VI, 2.ª ed., por Esmein, n.º 364; DEMOGUE, Traité des obligations, VII, n.º 784; SALEILLES, ob. cit., n.º 246, GAUDEMET, Théorie générale des obligations, 1937, p. 252.

No quadro do sistema jurídico italiano cujo Código Civil não se pronuncia expressamente, certa doutrina tem-se oposto ao reconhecimento ao estipulante do direito ao cumprimento. Afirma-se que, se o promissário tambem dispusesse de tal direito, o não cumprimento por parte do promitente ocasionaria uma dupla indemnização: dos danos sofridos pelo estipulante, enquanto credor, e dos suportados pelo terceiro que tambem seria credor. Esta situação contrariaria os dados legais que não prevêem qualquer dupla responsabilidade do promitente e iria contra o «favor debitoris». Além do que, se o estipulante fosse titular de um direito subjectivo autónomo, este direito permitir-lhe-ia alargar a sua ingerência na esfera jurídica do beneficiário[7].

Todavia, a maioria da doutrina italiana atribui ao promissário um direito próprio a exigir do promitente o cumprimento do contrato, naquilo que se refere à prestação em benefício do terceiro[8].

O Código Civil português, no seu artigo 444.°, 2, resolve também o problema neste último sentido: ressalvada vontade contrária das partes, o promissário tem o direito de exigir do promitente o cumprimento efectivo da sua obrigação[9].

A justificação desta norma aparecerá bem clara se nos lembrarmos da estrutura desta categoria contratual. Em regra, a prestação que agora é destinada ao terceiro era, anteriormente, devida ao promissário. Muitas vezes, não foi mais do que desviada para o terceiro. Por que motivo degradar a posição jurídica do promissário, retirando-lhe o estatuto de credor com os respectivos direitos?

---

[7] Vd. RESCIGNO, Studi sull'accollo, 1958, pp. 243-4; GIORGIANI, ob. cit., p. 64; MAJELLO, ob. cit., pp. 176 e segs.

[8] PACCHIONI, I contratti, cit., p. 235; FOLCO, «Il diritto del terzo nei contratti a favore di terzi», RDC 1934,.p. 40; CARIOTA-FERRARA, ob. cit., p. 412; MESSINEO, Doutrina generale, cit., p. 408; TORRENTE, ob. cit., p. 58; MIRABELLI, ob. cit., p. 344; Girino, ob. cit., p. 38; etc

[9] Já antes dele se orientava nesta direcção a melhor doutrina: ANTUNES VARELA, Ensaio, cit., n.° 24; GUILHERME MOREIRA, Instituições de Direito Civil Português, II, Das obrigações, 2.ª ed., 1925, n.° 206; CUNHA GONÇALVES, Tratado de Direito Civil, IV, 1931, n.° 498.

O promitente obriga-se perante o promissário a efectuar uma prestação ao terceiro. O interesse que levou o promissário a contratar só ficará satisfeito com a efectivação da prestação. Com efeito, não se pode objectar que o promissário não tenha interesse na prestação ao terceiro. É a própria lei que o exige. O contrato a favor de terceiro tem uma causa – «donandi», «credendi» ou «solvendi». Esta causa tem um relevo não só genético, aparecendo no momento de celebração do contrato como elemento da sua validação, mas também funcional, dinâmico, acompanhando a vida do contrato até à sua extinção – que será normalmente o seu cumprimento. O promissário celebra o contrato e justifica-o através de uma causa que traz em si. Como contraente – que o terceiro não é – aparece juridicamente com um dos principais responsáveis e o garante pelo normal desenrolar da relação contratual.

Em qualquer caso, o certo é ter o promissário sempre direito à acção de declaração, se tiver interesse nela.

O promissário e o terceiro tornam-se, não credores solidários[10] nem co-credores, mas titulares de direitos de conteúdo igual dirigidos à mesma finalidade: a prestação ao terceiro[11]. O crédito do promissário funcionalizou-se ao ser atribuído um direito ao terceiro: passa a só poder ser usado com vista a certo fim.

Não duvidamos em atribuir ao promissário a qualificação de credor, pelo menos até ao momento da adesão do terceiro.

O credor é a pessoa a quem se proporciona a vantagem resultante da prestação, o titular do interesse que o dever de prestar visa satisfazer.

Ser titular do interesse protegido significa no fundo o seguinte: *a)* ser portador de uma situação de carência ou de uma necessidade; *b)* existirem bens capazes de satisfazer essa necessidade; *c)* haver uma apetência ou desejo de obter esses bens para suprimento da

---

[10] Como o poder conferido ao promissário tem por objecto a prestação ao terceiro e não a si próprio, não se trata de credores solidários. cf. ANTUNES VARELA, Obrigações, cit., p. 286, nota 2.

[11] ANTUNES VARELA, Obrigações, cit., p. 286 e PIRES DE LIMA e ANTUNES VARELA, *ob. cit.*, nota 7 ao artigo 444.º

necessidade. Mais, porém, do que representante do interesse tutelado, o credor é amo e senhor da tutela desse interesse.

O promissário é representante do interesse tutelado. Com efeito, quando o promissário age contra o promitente para o obrigar a cumprir em beneficio do terceiro, não age no interesse e em nome deste; actua no seu próprio interesse e utilizando um direito que lhe pertence. O seu interesse realiza-se mediante o cumprimento ao terceiro, por ser dirigido precisamente a esse resultado.

Mas o que caracteriza definitivamente o promissário como credor é o facto de ser o senhor da tutela desse interesse podendo, até à adesão do terceiro, dispor do direito como lhe aprouver e usar dos meios conservatórias desse direito. Ou seja: tem a plenitude dos poderes do credor.

A tutela do interesse depende da sua vontade, o seu funcionamento está subordinado ao seu querer de titular activo da relação. Nesta qualidade de verdadeiro sujeito de um direito subjectivo, o credor pode dispor, pelas mais variadas formas, dos meios coercivos predispostos pela ordem jurídica para governo da relação: pode exigir o cumprimento da obrigação; pode renunciar a ela; perdoá-la no todo ou em parte; ceder o crédito; fazer dele objecto de doação a terceiro; dá-lo em usufruto; constituir com ele uma garantia; aceitar em cumprimento coisa diversa da devida; etc.[12]

A dualidade (promissário e terceiro) de interesses e direitos revela-se claramente no caso de não cumprimento. O promissário, neste momento, poderá exigir em nome e interesse próprios uma dupla reparação: dos danos que ele próprio sofreu com o não cumprimento da prestação convencionada a favor de terceiro; a execução específica ou por equivalente da prestação devida ao terceiro e a realizar a favor deste[13]. Ambos os momentos estão compreendidos

---

[12] ANTUNES VARELA, ob. cit., pp. 51 e segs.

[13] O promissário poderá exigir a resolução do contrato por não cumprimento. Este não cumprimento pode referir-se, quer à prestação a favor de terceiro, quer às obrigações eventualmente assumidas perante o proprio promissário. Neste último caso, o direito de resolução integra-se no direito de disposição (revogação) do promissário e só será legítimo, no domínio da clausula a favor de terceiro, antes da adesão do terceiro.

no seu interesse e no seu direito. Para além deste domínio, deverá ser o terceiro a exigir em nome e interesse próprios a indemnização dos prejuízos sofridos (nomeadamente dos lucros cessantes).

Todavia, na economia do contrato a favor de terceiro o direito do promissário é acessório do direito do beneficiário. A extinção do direito do beneficiário – por cumprimento, compensação, etc. – acarretará a extinção do direito do promissário. Mas esta dependência funcional inverte-se nos aspectos genéticos. A invalidade do contrato acarreta necessariamente a queda do direito do terceiro.

Depois da adesão a situação modifica-se profundamente no que se refere à preponderância do promissário. Analisando-a com o auxilio dos artigos 444.º e 448.º do Código Civil, concluímos que: o promissário perde certos poderes; outros, são limitados pelos adquiridos, por efeito daquele acto, pelo terceiro; alguns, conserva-os totalmente.

Está no primeiro grupo o poder de disposição do direito (remissão, cessão, etc.) de que passa a ser titular o terceiro, na medida em que o seu exercício não contrarie um interesse do promissário[14].

No segundo grupo – direitos limitados pelos adquiridos pelo terceiro – destacam-se os direitos de exigir o cumprimento do benefício outorgado ao terceiro, de usar dos meios coercivos necessários para esse fim e dos meios conservatórios respectivos. Estes direitos estão limitados pela necessidade de não contrariar o poder de disposição que o terceiro passou a ter sobre o benefício contratado a seu favor.

Todavia, o promissário mantem um importante papel no funcionamento do contrato. Na medida em que só ele é parte contratual e o terceiro é estranho ao contrato celebrado a seu favor, só ao promissário é lícito o exercício do direito de anular o contrato (por vícios da vontade, por ex.), da «exceptio non adimpleti», etc. Finalmente, continua a ser titular, embora não exclusivo, do interesse que a prestação visa satisfazer. O promitente, se cumpre, fá-lo para satisfazer o contrato celebrado com o promissário.

---

[14] Cf. infra n.º 1 (cap. IV).

Permitir-nos-á este quadro manter que o promissário, depois da adesão do terceiro, é um verdadeiro credor?

Se quisermos manter essa qualificação, podemos afirmar que o crédito se funcionalizou definitivamente, constituindo este carácter funcional o resultado da radicalização do beneficio a favor do terceiro. O promissário, embora credor, tem um direito limitado, continua titular do interesse, mas não dispõe totalmente da tutela desse interesse.

É, de qualquer modo, um direito superior ao que e atribuído, pelos artigos 445.º, e 446.º a certas entidades e aos herdeiros do promissário. O promissário age em interesse próprio, enquanto que os sujeitos referidos actuam em interesse alheio – no interesse do promissário. O que não impede que as respectivas posições jurídicas sejam, na pratica, semelhantes.

Cláusula penal. – Durante o largo período – que se estendeu do Direito romano até fins do século XIX – em que não se compreendia como o estipulante poderia ter interesse na prestação a outrem, usou-se a cláusula penal como expediente para lhe atribuir artificialmente um interesse pessoal[15].

A cláusula penal induziria de facto o promitente a cumprir; ou então, e é o caso que mais nos interessa, constituindo o substrato do interesse do promissário, forneceria a base ao direito deste de exigir o cumprimento ao terceiro – e, simultaneamente, seria o fundamento do direito do terceiro."

Actualmente, o problema perdeu bastante da sua acuidade por o obstáculo em encontrar interesse no estipulante ter sido transposto[16].

Todavia, se faltasse este interesse, caberia perguntar se a existência de uma cláusula penal o poderia substituir.

---

[15] Sobre o debate que a utilização da «stipulatio poenae» levantara no caso concreto: BAUDRY-LACANTINERIE E BARDE, I, p. 182; JOSSERAND, Cours de Droit Civil positif français, 1933, n.º 286, p. 50; PACCHIONI, cit., p. 187; BOZZI, «Penale clausola», Enc. Giur., 1901, XIII, 2.ª, pag. 219; GIRINO, cit., pp. 106 e segs.

[16] Sobre o problema do interesse do promissário, vd. o n.º seguinte.

Em tese geral, a conclusão não pode ser outra que não seja a de que a nulidade do contrato conduz à nulidade da cláusula acessória, quer esta tenha sido contratada contemporaneamente, quer posteriormente[17]. Casos haverá em que – e tudo dependerá de uma cuidadosa análise da vontade das partes – a «cláusula penal» será principal na economia do contrato, estando a prestação ao terceiro em faculdade alternativa. Se a «cláusula penal» (e só impropriamente se poderá manter esta designação) for mais onerosa que a prestação ao terceiro, o promitente será induzido a cumprir antes esta, o que corresponde ao interesse do promissário.

2. Interesse do promissário

O n.º 1 do artigo 443.º do Código Civil requere que o estipulante tenha na promessa um interesse digno de protecção legal. A determinação do exacto significado deste interesse não é isenta de dificuldades. O debate é particularmente vivo na Itália cujo Código Civil exige, no artigo 1411.º, idêntico interesse por parte do promissário.

A corrente tradicional e maioritária na Itália liga este interesse ao previsto no artigo 1 174.º: a prestação que constitui o objecto da obrigação deve corresponder a um interesse, embora não-patrimonial, do credor. O interesse previsto no artigo 1411.º seria um normal interesse do credor[18].

Não parece, porém, que se deva ver no artigo 1411.º uma simples repetição do disposto no artigo 1174.º Um dos principais obstáculos à introdução dos contratos a favor de terceiro em sentido

---

[17] Tendo distinguido entre cláusula penal estabelecida num ou noutro momento e dando validade à primeira, cfr. GIRINO, ob. loc. ult. cits.

[18] BARASSI, Teoria, cit., p. 2075; BETTI, Teoria generale, cit., 1955, p. 48; N. STOLFI e F. STOLFI, Il nuovo Codice Civile commentato, IV, I, 1949, pp. 228 e segs.; GORLA, Contratti a favore di terzi, cit., p. 593; DONADIO, ob. cit., p. 658; MIRABELLI, ob. cit., p. 344; SCOGNAMIGLIO, Contratti in generale, cit., p. 202; VENDITTI, L'assicurazione di interessi altrui, 1961, p. 65; MESSINEO, cit., p. 39; Rel. Min., cit., n.º 111; etc.

próprio, com eficácia externa, estava em que se entendia que o promissário não tinha interesse em contratar a favor do terceiro ou, mais precisamente, não tinha um motivo justificado para atribuir um direito ao terceiro. É certo que esta fase está ultrapassada, entendendo-se hoje facilmente que alguém tenha tanto interesse em atribuir um direito a um terceiro como em adquirir para si próprio. Contudo, o legislador italiano de 1942 terá querido deixar bem expressa a existência desse interesse, ou antes, a sua possibilidade: o contrato a favor de terceiro será válido quando o promissário tenha interesse em contratar a favor de terceiro, em lhe atribuir um direito. Trata-se de um interesse de credor – embora a favor de terceiro. Não se deve portanto confundir a existência de um interesse a favor de terceiro com o interesse que justifica, não só o direito que o promissário tem de exigir o cumprimento a favor de terceiro, como o próprio direito do terceiro. O primeiro interesse é típico dos contratos a favor de terceiro com eficácia interna. O interesse a favor de terceiro e característico dos contratos a favor de terceiro com eficácia externa.

O interesse previsto no artigo 1411.º seria, portanto, um mais – ou, se quisermos, uma nova direcção – imposta ao interesse genérico do credor. O promissário teria de revelar dois interesses, embora intimamente fundidos: um, em contratar a favor de terceiro; outro, em que o direito que dai resulta também seja atribuído ao terceiro. Ambos, portanto, interesses próprios.

A distinção entre estas duas vertentes do interesse do promissário tem interesse prático no caso de revogação ou rejeição. Se o segundo consumir o primeiro, o benefício não reverterá para o credor-promissário. Em contrapartida, se o primeiro foi prevalecente, sucederá o inverso.

Haverá, portanto, em conclusão, dois nítidos interesses sobrepostos: o interesse básico de credor e, sobrepondo-se a ele, alterando a sua direcção, o interesse a que o benefício seja atribuído e cumprido a favor de um terceiro.

Esta maneira de ver é facilmente transferível para o direito português dada a coincidência entre as disposições legais que tratam da matéria (artigos 443.º, 1 e 398.º, 2 do Código Civil).

O legislador português terá querido sublinhar, no artigo 443.º, a necessidade de um interesse do promissário, para fazer ver que há aqui um «mais» ou, se quisermos, uma nova direcção em relação ao corrente interesse do credor.

Todavia, será este o único sentido que se pode atribuir à menção de um «interesse digno de protecção legal» contida no artigo 443.º? Cremos que não. O interesse revestirá aqui um duplo sentido: subjectivo, ou interesse propriamente dito, e objectivo, ou causa do contrato. Deste trataremos mais tarde.

3. A vontade das partes e o contrato a favor de terceiro

Em certos países[19] mais ligados as tradições romanistas, os primeiros passos para a consagração, como regra geral, dos contratos a favor de terceiro foram hesitantemente dados e contra vontade. Os juristas entendiam que só em certos casos era necessário contratar para outrem e, neles, quase sempre se queria atribuir um direito ao terceiro. Logo, caminhou-se para uma forma de atribuição «ex lege» do direito ao terceiro, se preenchidas certas factualidades típicas expressamente previstas na lei, e negou-se toda a relevância à vontade das partes: uma vez pactuada uma vantagem para o terceiro, este, por mero efeito da lei, tornar-se-ia titular do direito[20].

Esta orientação não tardou, porém, a inverter-se. Todos os quadros típicos a que se tentava reduzir o interesse em contratar a favor

---

[19] Sobretudo na Itália e na Franca. Sobre a evolução ver autores referidos nos números 8 e segs. e PLANIOL, RIPERT e ESMEIN, DEMOLOMBE, LAURENT e SALEILLES, obs. locs. cits.

[20] No domínio do antigo Código italiano perfilhavam esta opinião. GUELFI, Obbligazioni, Parte Generale, 1908, p. 75; FOLCO, «Il diritto del terzo», cit., pp. 37-38; GHIROTTI, «Essenza del deposito e contratto a favore di terzi», R. D. Priv., 1940, II, pp. 102 e segs.; PACCHIONI, I contratti a favore di terzi, 1937, p. 209. Contra: M. STOLFI, «L'assicurazione sulla vita a favore di terzi», cit., p. 49 e segs. Vd., pronunciando-se por uma teoria geral dos contratos a favor de terceiro, na Itália, além de outros: Vivante, Il contrato di assicurazione, cit., p. 182.

de terceiro mostraram-se insuficientes. Como durante largo tempo a autonomia da vontade dominou incontestadamente o campo contratual, legislação[21] e doutrina assentaram em que a celebração e os termos do contrato a favor de terceiro estavam na dependência da vontade das partes. Era, por conseguinte, à «lei privada» que se reconhecia função decisiva na matéria. Tal orientação manteve-se incontroversa em tese geral até hoje[22] e serviu de inspiração ao Código Civil português cujas normas dedicadas a esta matéria têm carácter dispositivo.

Portanto, saber-se quando é atribuído um direito ao terceiro e qual o seu conteúdo é problema que depende da vontade das partes, da interpretação e integração do contrato. E é tão absoluta esta soberania dos contraentes que pode conduzir à descaracterização do contrato: se for convencionado que o benefício não resulta directamente do contrato, mas está dependente, por exemplo, de uma aceitação, logo nos afastamos da factualidade prevista na lei, por muito que a economia (e a designação) do contrato celebrado coincida com a do contrato a favor de terceiro.

Esta referência à vontade das partes leva a excluir do domínio dos contratos a favor de terceiro – e mesmo a considerar ilegítimos – não só os chamados contratos a favor de terceiro «ex lege», como as presunções a favor de terceiro.

O instrumento dos contratos a favor de terceiro tem sido utilizado com o fim de tutelar terceiros cuja segurança é ameaçada pela proximidade do vínculo contratual.

Nesta senda têm avançado sobretudo as jurisprudências francesa e alemã.

A jurisprudência francesa começou[23] por fazer impender sobre o transportador de pessoas uma obrigação de resultado – a de

---

[21] O B.G.B. alemão, o Código italiano de 1942, etc.

[22] Vd., por ex., LARENZ, ob. cit., p. 124; A. RIEG, Le rôle de la volonté dans l'actes juridiques en droit civil franfais et allemand, 1961, n.º 470; MESSINEO, Manuale, cit., III, p. 659; GUHL, ob. cit., pp. 123-4; CARIOTA-FERRARA, I negozi sul patrimonio altrui, cit., p. 1?V

[23] Por acordão do Tribunal da «Cassation» de 28 de Novembro de 1911. Cf. RODIÈRE, Droit des Transports, III, 1961, n.ºs 186 e segs.

conduzir o transportado, são e salvo, até ao seu destino – só se liberando da presunção de responsabilidade que sobre ele impende no caso de acidente, ao demonstrar que o dano causado decorrera de uma causa estranha que lhe não era imputável, de caso de força maior, de culpa da vítima ou de facto de terceiro. Tratar-se-ia de uma responsabilidade de regime idêntico à estabelecida por facto de coisas inanimadas.

O benefício desta presunção foi estendido à família da vítima. A «Cassation» francesa, prevendo o caso de acidente mortal, decidiu que o viajante falecido estipulara também a favor dos seus familiares, mesmo que o contrato seja omisso a esse respeito. Estes ficam, portanto, beneficiados com uma acção por responsabilidade contratual[24].

Em matéria de arrendamento, a jurisprudência alemã[25] tem-se servido do contrato a favor de terceiro para apoiar pretensões de sujeitos que, embora não sendo partes contratuais, estão suficientemente próximos dos efeitos do vinculo contratual para parecerem necessitados de protecção superior à que lhes é concedida pelo «neminem laedere».

Deste modo, tem-se entendido que o arrendatário também contratara a favor dos seus familiares e dos empregados que com ele vivam, contra os defeitos da coisa locada e contra as faltas dos auxiliares do locador. Consequentemente, aqueles familiares e empre-

---

[24] Vd. Cass. Civ., 6/12/1932, S 1934, 1.81 com anotação de Esmein, e D.P. 1933.1.137, com anotação de Josserand.

Note-se que os beneficiários podem renunciar a prevalecer-se do contrato, invocando antes a responsabilidade extracontratual do transportador. Vd. Cass. Civ., 23/1/1959, D. 1959-101, com anotacão de Savatier, J.C.P., 1959.II.11002 e D. 1959.281, com anotacão de Rodière. Sobre a aplicacão do contrato a favor de terceiro ao transporte de pessoas, vd. Ferret, Des ayant droit à indemnité en cas d'accident mortel, 1933; Esmein, Josserand, anotações citadas; Beudant e Lerebours-Pigeonnière e Lagarde, ob. cit., IX bis, n.º 1647; Mazeaud e Tunc Traité de la responsabilité civile, I, 6.ª ed., 1965, n.os 138 e segs.; etc

[25] Vd., para maiores desenvolvimentos, Larenz, ob. cit., pp. 126 e segs.; Gernhuber, «Drittwirkungen im Schuldverhaltnis kraft Leistungsnahe», Festschrift für Nikisch, 1958, p. 249 e segs.; Zunft, «Erfüllungsgehilfen und Vertrag zugunsten Dritter im Mietrecht», A.C.P., 153, 1954, pp. 386 e segs.

gados (que nenhum direito próprio terão, no entanto, ao uso da coisa) dispõem, nos limites referidos, de direitos contratuais contra o locador.

Indo mais longe, o Supremo Tribunal Federal viu, no arrendamento de uma sala para reuniões, um contrato a favor de todas as pessoas que participassem na reunião (em numero ilimitado, portanto), tendo o locador de responder contratualmente perante todas elas; decidiu que a futura mulher do arrendatário e o filho posteriormente nascido também são beneficiários do contrato de arrendamento que se presume celebrado também em seu favor[26]; etc.

A utilização dos contratos a favor de terceiro para estas finalidades constitui um verdadeiro abuso, por muito que os interesses em causa sejam carecidos de tutela «de iure constituendo».

O benefício para o terceiro há-de resultar da vontade das partes, determinada através dos normais processes de interpretação. Para além disto, os referidos devedores (transportador, locador, etc.) estão unicamente obrigados a cumprir um dever de cuidado para não prejudicar aqueles que possam ser afectados pelo seu comportamento. É de distinguir entre dever de prestar e dever de protecção[27], tratando--se nos casos referidos de contratos *com eficácia protectora para terceiro* e não a favor de terceiro. Saber-se quando se está perante aqueles, é problema de interpretação complementar do contrato[28]. Qualquer interpretação nesse sentido só pode ser admitida quando a inclusão do terceiro for imposta pela finalidade do contrato ou pela boa fé. O dever de protecção só deve ser estendido a um circulo determinado de pessoas em contacto próximo com o devedor, sendo este obrigado para com elas a um dever de protecção do mesmo tipo do que é devido ao credor.

As presunções de estipulação a favor de terceiro só serão de admitir, e «tantum iuris», em dois casos. Naqueles em que as conveniências das partes ou a finalidade do contrato implicam que se contrate habitualmente a favor de terceiro, em termos de se lhe

---

[26] ROQUETTE, Mietrecht, 5.ª ed., 1961, pp. 136 e segs.
[27] LARENZ, ob. cit., § 2, 1.
[28] LARENZ, ob. cit., p. 128 e § 157.

atribuir um direito próprio a certo beneficio: será o caso, sob certas condições, do seguro de vida, do seguro de responsabilidade civil e de poucos mais. Todas as outras presunções serão ilegítimas.

Também não se poderá falar, em nosso entender, de contrato a favor de terceiro, quando é a lei que, servindo-se embora da acção das partes, vai atribuir o direito ao terceiro. Exemplo característico é o da assunção cumulativa de dívida «ex lege»: o acordo entre o originário devedor e o novo devedor visava a transmissão da divida e só a falta de acordo do credor impediu tal transmissão, tornando a assunção que se previa liberatória, em cumulativa. É certo que o credor adquire uma vantagem – um novo devedor (embora pela mesma prestação) – tutelada por um direito de crédito. Mas essa vantagem é atribuída pela lei que faz tábua rasa da vontade das partes. Esta relação não se poderá qualificar de contrato a favor de terceiro na medida em que falta a vontade das partes em beneficiar o credor, falta o contrato. A vontade contratual é-lhe mesmo contrária.

4. Causa

Vimos anteriormente[29] que o interesse do estipulante como credor a favor de terceiro justifica a atribuição do direito a este último. Em vez de, como seria normal, o direito ser restringido ao promissário, único que poderia exigir o cumprimento ao terceiro da obrigação. Assentamos que a menção do interesse do promissário no artigo 443.º, 1 tem pelo menos o significado de chamar a atenção para este facto.

Não é, porém, a única justificação que se lhe pode atribuir. O artigo 443.º contém, através da menção do interesse do estipulante, uma referência à causa do contrato. O interesse não se refere só à problemática da relação, mas à própria estrutura do contrato[30].

---

[29] Supra n.º 2.
[30] MAJELLO, ob. cit., pp. 10 e segs.; GASPERONI, Le assicurazioni, 1966, p. 213.

Depois de, durante larga fase, se ter negado a existência de um interesse do promissário na atribuição de um direito ao terceiro, passou-se por uma fase de transição. Nesta, descortinava-se esse interesse; este era mesmo presumido em certos tipos de contratos, nomeadamente nos seguros de vida (ou naqueles em que a estipulação para terceiro é condição num outro contrato ou de uma doação que se faz a terceiro – artigo 1121.º do Código Civil francês).

Seguidamente, passou a admitir-se a existência de um interesse genérico em contratar para terceiro, situado ao mesmo nível do interesse em estipular para si mesmo.

Contudo, este interesse genérico e o interesse que se reconhecia em certos contratos, na segunda fase, diferem nitidamente. O primeiro é um elemento interior, privado de tipicidade, variável, próprio do promissário. Este interesse nada mais é do que o motivo do estipulante[31]. É um elemento psíquico composto, misto de representação intelectiva e sentimental, determinante da vontade[32]. Embora deva ser digno de protecção legal (artigos 398.º, 2 e 443.º, 1 do Código Civil) esta razoabilidade, atenta a liberdade contratual, é um limite extremo a preencher largamente pela discricionariedade privada.

Na fase em que se reconhecia, e mesmo se presumia, em certos tipos contratuais, um interesse em contratar para terceiro, em atribuir um direito ao beneficiário, o interesse já é típico, objectivado. É a causa da obrigação, o fim revelado pelo conteúdo do contrato – a finalidade negocial típica que recebe expressão no conteúdo do negócio obrigacional[33]. Por outras palavras: o interesse genérico do promissário corresponde à causa jurídica externa, à finalidade

---

[31] TORRENTE, La donazione, cit., p. 57; MESSINEO, Manuale, tit., III, p. 39.

[32] DEIANA, I motivi nel diritto privato, 1939, p. 8; STOLFI, Teoria, cit., p. 33; ALLARA, Teoria generate del contratto, 1955, p. 120; etc

[33] Para esta definição vd. LARENZ, Lehrbuch des Schuldrechts, cit., II, p. 367. Com conceitos semelhantes: F. SANTORO-PASSARELLI, ob. cit., n.ᵒˢ 26 e 38; STOLFI, Teoria, cit., pp. 28 e segs.; REDENTI, «La causa del contratto secondo il nostro codice», R.T.D.P.C., 1950, pp. 894 e segs.; MIRABELLI, «Causa, Oggetto, funzione, interesse», Arch. Giur., 1950, pp. 91 e segs.: etc

subjectiva à qual obedece a prestação; o interesse típico seria a causa jurídica interna[34].

A causa representa, portanto, a objectivação do interesse, é a função jurídica da estipulação para outrem. O interesse, neste sentido objectivo, não coincide com a razão determinante da vontade, sendo antes o seu pressuposto.

Temos, por consequência, frente a frente, o interesse específico daquele credor – que constitui o fundamento da disciplina jurídica de diversos sectores do contrato (resolução, por ex.) – e o interesse contratual típico considerado como requisite geral da validade do contrato.

É também através do interesse do promissário que vamos encontrar a relação de valuta. O promissário contrata a prestação ao terceiro, com que finalidade? Com o fim, precisamente, de satisfazer a relação de valuta. Nesta medida, podemos dizer que a relação de valuta é a causa da *prestação,* a relação jurídica que esta visa satisfazer[35].

5. Consequências da falta de interesse do promissário (causa)

A doutrina tem-se debruçado não só sobre o interesse do promissário, como vimos, mas também sobre as consequências da falta deste interesse[36].

Ao tratarmos anteriormente do interesse do promissário integrámo-lo, pelo menos em parte, no pressuposto da causa. A falta de interesse, ou a exigência de um interesse imoral ou ilegal, correspondem à falta de causa, ou à sua ilicitude ou imoralidade, com a consequente invalidade do negócio em que ela se integra.

---

[34] Sobre a distincão entre causa juridica interna e externa, vd. SIBER, Grundriss des Bürgerliches Rechts, II, Schuldrecht, 1928, p. 417 e segs.

[35] O contrato a favor de terceiro pode ser, em si mesmo, a prestação devida, se é celebrado para cumprir uma obrigação anteriormente assumida. Nestes termos, a relação de valuta será causa do próprio contrato.

[36] Vd., por todos, MAJELLO, ob. cit., pp. 28 e segs. e GIRINO, ob. cit., pp. 91 e segs.

No que se refere às consequências da falta de causa, podem, contudo, defender-se duas soluções: seria o próprio contrato – ou, pelo menos, a cláusula a favor de terceiro – que seria inválido. Deste modo, haveria uma repristinação do que tinha sido prestado, o promitente readquiriria o que tinha entregue ao terceiro, não havendo evidentemente, possibilidade de nomear um novo beneficiário.

Para outro ponto de vista, haveria uma simples ineficácia externa do contrato que seria válido mas que produziria só efeitos «inter partes»[37]. A lei, ao referir-se à promessa (n.º 1 do artigo 443.º) parece dar um certo apoio a esta solução, referindo o vício, não ao contrato, mas à estipulação a favor do terceiro cairia só a atribuição do direito ao beneficiário. É tanbém o que resulta, aparentemente, da ideia que damos do interesse do promissário como «causa da prestação». Normalmente, esta não seria atribuída ao terceiro, mas reverteria para o promissário.

Estamos em crer que tal redução do contrato dependerá da estrutura do negócio e da vontade das partes.

Julgamos que há, mais uma vez, que distinguir duas modalidades de contrato a favor de terceiro: os contratos de cláusula acessória a favor de terceiro; aqueles que são realizados principalmente ou só a favor de terceiro.

Nestes últimos, dos quais o exemplo clássico é o seguro de vida, o vício da causa atinge todo o negócio. Mas, deverá aplicar-se sem mais, o regime da repristinação das prestações, do regresso ao «statu quo ante»? Cremos que esta solução deve ser frequentemente mitigada por uma atenta análise do negócio.

Sucederá, numerosas vezes, que seja possível a conversão do negócio, nos termos do artigo 293.º do Código Civil[38]. Esta conversão num negócio «inter partes» dependerá, em princípio, de saber se a prestação era devida ao promissário, se este tem um interesse nela,

---

[37] Neste sentido, MAJELLO, pp. 16 e segs.
[38] Sobre a conversão dos negócios jurídicos vd.: MANUEL DE ANDRADE, Teoria Geral da Relação Jurídica, at., II, pp. 427 e segs.; RAUL VENTURA, A conversão dos actos jurídicos no Direito romano, 1947; MOTA PINTO, «Notas sobre alguns temas da doutrina geral do negócio jurídico segundo o novo Código Civil», Cadernos da C.T.F. 1967, pp. 242 e segs.

ou só a favor de terceiro. No primeiro caso, nada parece impedir essa conversão – que se transforma, no fim de contas, numa redução, pois essencialmente só se alterará a direcção da prestação em favor de terceiro.

Pode suceder, igualmente, mesmo nestes casos, que o vício atinja só a designação daquele terceiro concreto, mantendo-se a possibilidade de se nomear um novo beneficiário. Isto acontecerá nomeadamente no seguro de vida, quando o vício derive da especial posição do beneficiário em relação ao promissário. Deverá entender--se que as partes teriam querido reservar a possibilidade ao promissário de este indicar um outro beneficiário. Será excepcional que um seguro de vida a favor de terceiro seja realizado «intuitu personae», no sentido de que não interessa ao promissário a nomeação de um outro terceiro.

Nos contratos com cláusula acessória a favor de terceiro, o vício que afecte a cláusula não invalida todo o negócio, salvo quando se averigue que este não teria sido concluído sem a parte viciada[39]. A cláusula a favor de terceiro terá sido aposta, muitas vezes, com o simples fim de desviar para o beneficiário uma parte dos benefícios que, de outro modo, seriam canalizados para o estipulante. Nestes casos, a invalidade desta cláusula determinará, segundo a vontade presumível das partes, a possibilidade de se nomear um novo beneficiário, ou então a reversão, a favor do promissário, da vantagem atribuída ao terceiro[40].

---

[39] Cf. artigo 292.º do Código Civil.
[40] Cf. MAJELLO, ob. cit., pp. 28 e segs.

CAPITULO IV
O TERCEIRO – RELAÇÕES COM OS OUTROS SUJEITOS

1. O terceiro como credor

A doutrina usa distinguir, nesta matéria, duas fases: anterior e posterior à adesão do terceiro. Na primeira fase, o direito do beneficiário não seria um verdadeiro direito de crédito, dado que se encontra sujeito ao direito de revogação do credor; no segundo momento, o beneficiário já seria um verdadeiro credor.

Estamos em crer, porém, que tal distinção carece de legitimidade. A adesão do beneficiário tem o único efeito – nunca será demais repeti-lo – de eliminar o direito de revogação do promissário. Não há que confundi-la com uma aceitação, nem equiparar o direito do beneficiário, antes da adesão, a um direito sujeito a condição. Antes e depois da adesão o direito do beneficiário é caracterizado pelas mesmas faculdades e pelas mesmas limitações.

O beneficiário é, nas duas fases, titular do interesse tutelado e senhor da tutela desse interesse. Pode exigir o cumprimento da prestação, remitir a obrigação do promitente, executar os bens deste para satisfação do seu crédito, nomear um «adiectus solutionis causa», etc. Mais: a prática de qualquer acto de exercício do direito equivalerá, em princípio, a adesão, retirando, portanto, ao promitente o direito de revogar.

É certo que o direito de crédito do terceiro sofre um certo número de limitações em relação ao de um normal credor. Falámos a este propósito de concorrência funcional entre o crédito do terceiro e o do promissário. O promissário, ao atribuir o direito ao beneficiário, fê-lo por uma certa causa, moldando-o em certos termos. Atribuiu o direito ao terceiro, «credendi causa», «solvendi causa» ou «donandi causa», em virtude de uma certa relação entre ele e esse terceiro (relação de valuta). É necessário que a expectativa do promissário, ou, por outras palavras, a relação de valuta, não saia frustrada por um funcionamento defeituoso do contrato. É por este motivo, ou seja, com vista a assegurar a satisfação do interesse que o levou a contratar, que o promissário exerce em relação ao promitente o direito de exigir o cumprimento para com o terceiro. Mas o seu interesse poderia sair frustrado com um comportamento incorrecto do terceiro. Suponhamos que, tendo o contrato sido celebrado com vista à satisfação de uma dívida que o promissário tinha para com o terceiro, este reconhece perante o promitente a inexistência da obrigação de prestar deste. Se este acto fosse eficaz em relação ao promissário, este veria incumprida a sua obrigação perante o terceiro e seria eventualmente obrigado a indemnizar.

Os direitos do promissário e do terceiro têm portanto um mesmo objecto: o efectivo cumprimento do prometido. Limitam-se um ao outro nessa «solidariedade», no que chamámos a concorrência funcional com vista a esta finalidade. Tal não impede, repetimo-lo a terminar, que o direito do terceiro seja um verdadeiro direito de crédito.

2. Aquisição do direito pelo terceiro. Designação do beneficiário

O beneficiário adquire o direito por mero efeito do contrato[1]. É o que resulta do artigo 444.º do Código Civil que dispõe que o terceiro a favor de quem for convencionada a promessa adquire o direito à prestação independentemente de aceitação.

---

[1] Vd., UNGER, ob. cit., pp. 64 e 109; REGELSBERGER, ob. cit., pp. 12 e segs.; SANTORO-PASSAREULI, Dottrine generale, cit., p. 267; SCOGNAMIGLIO, Contratti in generale, p. 202; GIORGIANNI, ob. cit., p. 64; MAJELLO, ob. cit., p. 7; CARUSI, Il negozio giuridico notarile, 1968, p. 859; etc

Nestes termos, se *A* vende a *B* um prédio com a obrigação de este entregar a *C* cem contos , só é necessária, para que o contrato fique perfeito, a aceitação de *B* e não de *C*.

Para que o beneficiário adquira o direito, não se exige que interceda entre o mandato e a aquisição qualquer acto deste[2].

O direito é criado e atribuído pelo contrato, entrando, por efeito, deste, na esfera jurídica do terceiro. É neste sentido que se afirma que o contrato a favor de terceiro constitui uma limitação ao princípio da relatividade dos contratos. O beneficiário, embora estranho a um contrato, não tendo intervindo na sua formação, adquire um direito por força dele.

Com as afirmações que acabamos de produzir não queremos significar que o direito, uma vez celebrado o contrato, entre logo na esfera jurídica do terceiro. Queremos dizer, sim, que o direito do beneficiário só resulta do contrato, não se exigindo qualquer acto posterior para a sua aquisição pelo terceiro. O momento temporal da aquisição varia de caso para caso, depende da vontade das partes, pode estar sujeito a termo ou condição e a nomeação de um beneficiário pode ser muito posterior a celebração do contrato[3].

Algumas vezes sucede que o terceiro beneficiário é designado logo no momento da celebração do contrato; outras vezes só é conhecido posteriormente, quer porque a sua determinação estava condicionada a verificação de certas circunstâncias e, por isso, era impossível conhecê-lo naquele momento, quer pelo facto de o promissário se ter reservado o direito de uma nomeação posterior. Estas últimas hipóteses são muito frequentes nos seguros de vida em que a nomeação pode ser feita mesmo por testamento[4].

---

[2] Sobre a concepção da adesão como uma «condictio iuris», vd. infra. Não se exigindo uma aceitação do terceiro nos contratos a favor de terceiro «mortis causa», o direito atribuído ao terceiro herdeiro ou legatário aparece dissociado da herança ou legado sob o ponto de vista da sua aquisição.

[3] GALVÃO TELLES (*Dos contratos em geral, at.,* n.º 186) entende que não se pode dar uma resposta uniforme ao problema do momento em que o terceiro se torna titular do direito; tudo depende da figura jurídica de que se trata.

[4] Sobre o alcance de certas clausulas genéricas de designação (v.g. «para os meus herdeiros») vd. BUTTARO, «Assicurazione sulla vita», *Enc. Dir.,* p. 660.

Nos seguros de vida tem-se entendido que, mesmo no caso de o contrato ter sido celebrado inicialmente a favor do próprio estipulante, este pode designar posteriormente um terceiro como beneficiário, independentemente de qualquer cláusula contratual a prever essa possibilidade[5].

Todavia, as razões que justificam essa possibilidade nos seguros de vida, fundadas no espírito de previdência que os anima, não são extensíveis à generalidade dos contratos. A atribuição do benefício ao terceiro deve resultar do contrato. Como deve resultar deste a possibilidade da substituição do beneficiário.

No que se refere à forma da designação de um beneficiário, posterior à celebração do contrato, aplicar-se-ão os artigos 222.º e 223.º do Código Civil.

Quanto à natureza da designação, trata-se de uma simples declaração desprovida de natureza receptiva. Produzirá, assim, os seus efeitos independentemente de ser levada ao conhecimento do promitente. Deste modo, serão válidas as nomeações de beneficiários de seguros de vida levadas ao conhecimento do segurador-promitente só depois da morte do promissário[6].

3. Capacidade. Terceiro indeterminado e futuro

Todo e qualquer contrato a favor de terceiro pressupõe uma relação entre o promissário e o terceiro, a relação de valuta. Esta relação pode assumir as mais variadas naturezas. Pode tratar-se: de um contrato de compra e venda cujo preço o comprador-promissário vai satisfazer através do promitente; de uma doação cujo objecto será entregue pelo promitente; do desejo dos pais de assegurarem o futuro dos filhos através de um seguro de vida; etc.

---

[5] BUTTARO, ob. tit., pp. 648 e segs.; GASPERONI, «Assicurazioni sulla vita», RTDPC 1953, pp. 882 e segs.; etc. No mesmo sentido, o § 166 da lei alemã do seguro. Contra: FANELLI, «Assicurazione sulla vita», cit., pp. 1399 e segs.

[6] Vd. arts. 224.º e 226.º, 1, do Código Civil.

Esta relação de valuta constitui a causa da prestação (ou do próprio contrato a favor de terceiro – «donandi», «credendi», «solvendi») que pretende precisamente satisfazê-la. Tal inter-relação implica que o problema da capacidade do terceiro para receber um benefício do contrato a seu favor tenha como questão prévia a da sua capacidade na relação de valuta.

A capacidade do terceiro para adquirir por meio de contrato a seu favor deve ser aferida, antes de mais, pela relação de valuta. Se esta for configurável como doação, o terceiro deve ter capacidade para adquirir do promissário por doação[7]; se for «mortis causa», o terceiro deve ter capacidade testamentária passiva perante o promissário; etc.

Este princípio vale mesmo quando a relação de valuta se constitui simultaneamente ao contrato a favor de terceiro. Os casos mais frequentes verificar-se-ão nos contratos a favor de terceiro «donandi causa». *A*, para beneficiar *B*, e sem que nenhuma relação jurídica interviesse precedentemente entre eles, conveciona com *C* que este entregará cinquenta contos a *B*.

Alguns autores entendem que, neste caso, não há relação de valuta. Esquecem, porém, que ela se forma no momento da celebração do contrato, constituindo a sua causa. É também nesta sede que se integra o interesse do promissário exigido pelo artigo 443.º, 1 do Código Civil.

Os contratos a favor de terceiro «donandi causa» pressupõem, portanto, a capacidade do beneficiário para receber doações. De outro modo permitir-se-iam "fraudes" à lei, na medida em que os efeitos económicos de uma doação, eventualmente interdita, se obteriam através de um contrato a favor de terceiro. No que se refere ao contrato a favor de terceiro propriamente dito, o terceiro, sendo estranho ao contrato celebrado a seu favor, não tem de exibir a capacidade de parte. Basta-lhe a capacidade de adquirir os direitos que lhe são atribuídos nos termos da relação de valuta, e de dispor

---

[7] Vd., por ex., o art. 450.º do Código Civil, que apoia nitidamente este ponto de vista.

destes no âmbito do contrato a seu favor. Esta capacidade afere-se no momento da celebração do contrato, na medida em que é por efeito da celebração deste que o terceiro adquire o direito. A adesão nada mais faz do que radicá-lo definitivamente na sua esfera jurídica.

Problema conexo a este é o de saber se é possível contratar validamente a favor de uma pessoa indeterminada e futura, e se este tipo de contrato a favor de terceiro exige modificações no regime geral.

No que se refere aos contratos em benefício de pessoa indeterminada ou no interesse público, a sua admissibilidade levantou de início certos problemas.

Este tipo de contratos, pela especial natureza do beneficiário, não permite qualquer espécie de contrapartida do terceiro em troca do benefício obtido. Ora, num primeiro período da sua vida, os contratos a favor de terceiro, em França, só eram admitidos em casos excepcionais, um dos quais era o da doação modal – o que afastava a estipulação em benefício de terceiro indeterminado ou futuro.

Com a admissão do contrato a favor de terceiro como figura geral, tais obstáculos desapareceram e, hoje, doutrina[8] e legislações estão de acordo na aceitação dos contratos em benefício de terceiro indeterminado ou no interesse público.

Quanto ao benefício a pessoa indeterminada, é pacífico que basta que o beneficiário, tal como qualquer credor, seja determinável no momento em que o contrato vai produzir os efeitos a seu favor. A determinação do beneficiário radicará neste, com efeito retroactivo desde o momento da celebração do contrato, o direito criado contratualmente. Se, no momento da celebração do contrato do seguro de vida, o beneficiário não é determinado, o direito de nomeação fica a pertencer ao promissário, operando a nomeação com eficácia

---

[8] Em França, onde o problema do terceiro indeterminado é objecto de interesse geral, vd. MARTY e RAYNAUD, ob. cit., II, 1, n.ºs 259 e segs.; PLANIOL e RIPERT, ob. cit., VI, por ESMEIN, n.ºs 367 e segs.; DEMOGUE, Traité des Obligations, VII, n.ºs 835 e segs.; GAUDEMET, Théorie Générale des obligations, pp. 257 e segs.; etc.

«ex tunc». Também se pode contratar a favor de alguém indeterminado, mas determinável através de um facto previsto no contrato: aquele que ganhar uma prova desportiva, um concurso artístico ou realizar uma descoberta. É possível igualmente criar um crédito a favor daquele que mostre ser o titular de um direito: direito de opção para a pessoa que seja proprietária de certo prédio[9].

O artigo 445.º do Código Civil resolve afirmativamente, e da melhor maneira, a questão mais complicada de saber se o benefício pode ser estipulado a favor de um conjunto indeterminado de pessoas ou no interesse público. O promitente pode obrigar-se a distribuir uma certa quantia pelos pobres da aldeia, a reparti-la por institutos de assistência[10], ou a manter franqueada ao público uma colecção de obras de arte.

Nestes casos, o titular do interesse protegido, dada a particular natureza deste, não pode dispor da tutela desse interesse. Esta tutela é confiada ao promissário e aos seus herdeiros assim como às entidades competentes para defender os interesses em causa.

A lei não impõe qualquer limite particular ao direito do promissário de dispor do direito atribuído ao terceiro até à adesão deste. Adesão sobre que a lei se cala. Esta não é atribuível ao promissário ou aos seus herdeiros, titulares de um interesse em princípio contraposto que leva a lei a retirar aos herdeiros o direito de revogação. Devem ser as entidades competentes para defender os interesses públicos em causa ou os do conjunto indeterminado de pessoas, as competentes para aderirem.

O n.º 1 do artigo 446.º do Código Civil recusa às antidades defensoras dos interesses em causa e aos herdeiros do promissário o direito de disporem da prestação.

O legislador entendeu que os herdeiros do promissário seriam particularmente propensos a revogar ou, pelo menos, a limitar um beneficio em favor de um beneficiário bastante vago e perante o qual talvez não sintam os mesmos sentimentos altruístas do pro-

---

[9] Cf. VON TUHR, ob. tit., 82, I.
[10] Cf. ANTUNES VARELA, ob. cit., I, p. 308.

missário. Por outro lado, o interesse público aqui pressente na manutenção do benefício prevalece sobre o interesse privado dos herdeiros do promissário em disporem desse benefício.

As entidades referidas também não poderão dispor do direito. O carácter gratuito deste não necessita que o interesse do beneficiário em receber o respectivo beneficio tenha de ser ponderado.

O direito do terceiro perante os herdeiros do promissário e as entidades competentes para defender os interesses em causa, é irrevogável. A situação jurídica destes sujeitos – bem como a do direito de terceiro – é semelhante à do promissário depois da adesão do terceiro.

O enraizamento do direito do beneficiário e a sua funcionalização estão reflectidos no n.º 2 do artigo 446.º: quando a prestação se torna impossível por causa imputável ao promitente, têm os herdeiros do promissário, bem como as entidades competentes para reclamar o cumprimento da prestação, o direito de exigir a correspondente indemnização para os fins dispostos pelo promissário.

No que se refere às pessoas futuras, como o terceiro não intervém no contrato é possível beneficiar os nascituros nos mesmos termos em que é lícito, segundo o artigo 952.º do Código Civil, fazer-lhes doações. Bastará que sejam filhos de pessoa determinada, viva ao tempo da declaração de vontade[11]. Os nascituros terão personalidade para este efeito, referindo-se o direito ao momento da celebração do contrato.

Também se admite sem dificuldade o contrato a favor de pessoas morais não contituídas[12], como meio, nomeadamente, de permitir ou promover a sua constituição.

---

[11] Cf. por todos CUNHA GONÇALVES, *ob. cit.*, n.º 498.

O artigo 63.º da lei francesa sobre o seguro (13 de Julho de 1930) permite expressamente o seguro de vida a favor de filhos ou descendentes nascidos ou a nascer (Cf. MARTY e RAYNAUD, *ob. cit.*, n.º 260 e JULLIOT DE LA MORANDIÈRE, *Droit Civil*, 4.ª ed., p. 295). Também no direito alemão (*BGB*, § 334, 2) se permite a atribuição de um benefício a um terceiro futuro (cf. HECK, *ob. cit.*, $ 49,5, b).

[12] Cf. CUNHA GONCALVES, *ob. tit.*, n.º 498 e HECK, *ob. cit.*, § 49,5 b).

Ainda quanto à definição do terceiro, tem-se levantado uma objecção contra a possibilidade de os herdeiros do promissário serem beneficiários (terceiros) de um contrato: o contrato feito em benefício dos herdeiros não é um contrato a favor de *terceiro,* diz-se[13]. Se o promissário não contratasse para eles, contrataria, de qualquer modo, para si próprio e os seus herdeiros iriam encontrar o benefício na herança.

Estes argumentos não valem para o caso de o contrato ser realizado a favor de legatário ou de herdeiro (ou herdeiros) determinado do promissário. Mas valerão no caso de o contrato ser realizado a favor dos herdeiros, indiscriminadamente, do promissário?

Cremos que também não procedem. A prática e as legislações dão-nos razão ao admitirem, nomeadamente, o seguro de vida a favor dos herdeiros do promissário. Este, ao contratar o benefício, serve interesses que não são especificamente os seus. Deste modo, não contrataria necessariamente para si mesmo, no caso de não poder contratar para outrem. Os herdeiros não iriam, portanto, encontrar essa vantagem na herança.

A função previdencial do seguro de vida, instituto que justificou os contratos a favor de terceiro como figura geral e que ainda hoje constitui um dos seus mais importantes núcleos, permite o contrato a favor dos herdeiros. Não se pode dizer que, estipular a favor destes, é fazê-lo a favor de si próprio. Os herdeiros, embora continuando a pessoa do «de cuius» para certos efeitos, não se podem confundir com ele; e há, repetimos, interesses específicos que justificam tal estipulação.

4. Imposição de obrigações e de ónus ao beneficiário

Será lícito impor obrigações ao terceiro beneficiário, ao mesmo tempo que se lhe atribuem direitos?

---

[13] RIPERT e BOULANGER, *ob. cit.,* II, n.º 644.

O problema só se põe no contrato a favor de terceiro em sentido técnico, em que os direitos – e as eventuais obrigações – são atribuídos ao terceiro, penetram na sua esfera jurídica, por mero efeito do contrato, sem necessidade da sua aceitação. Só estes contratos representam uma limitação ao princípio da relatividade dos negócios jurídicos que há que tratar com precaução e balizar precisamente. No caso de se exigir a aceitação do terceiro, este revestiria a veste de parte, não haveria ofensa ao princípio da relatividade, tudo decorreria como é uso nos contratos trilaterais. O terceiro assumiria os direitos e as obrigações que entendesse aceitar, sendo a sua aceitação condição do ingresso daquelas na sua esfera jurídica. Mas aqui estaríamos já fora dos contratos a favor de terceiro.

Regressemos, portanto, a estes.

Uma resposta cabal necessita, porém, de mais uma precisão. Há que separar as obrigações impostas na relação de cobertura das que derivam da relação de valuta. Estas últimas, na medida em que se fundam num negócio estranho e não se integram no contrato a favor de terceiro, mantendo portanto intocado o carácter vantajoso do contrato, não nos interessam.

O problema só se põe para as que são impostas ao beneficiário no contrato a favor de terceiro propriamente dito, na relação de cobertura. E assume particular interesse no que se refere àquelas que, normalmente e em virtude do sinalagma existente com as assumidas pelo promitente, ficariam a cargo do credor e, portanto, respeitariam ao terceiro-credor.

De acordo com a doutrina dominante[14], entendemos que não são oponíveis obrigações ao beneficiário por mero efeito do contrato.

O princípio da relatividade dos contratos só não actua quando as partes quiseram atribuir uma vantagem ao terceiro. Só se permite

---

[14] MAJELLO, *ob. cit.*, pp. 162 e segs.; GASPERONI, «Apposizione di oneri al beneficio nel contratto a favore di terzo»; *Studi in onore di Giuseppe Valeri,* I, n.º 1; DONATI, *Trattato delle assicurazioni private,* II, pp. 387 e segs.; MANETTI, «La stipulazione a favore di terzi e il contratto di trasporto», *R.D.C,* 1909, I, pp. 297 e segs.; LAURENT, *Principes de droit civil français,* **XV,** 1878, pp. 638 e segs.; G. FERRI, *Manuale di diritto commerciale,* pp. 658 c segs.; FOLCO, «Il diritto del terzo», *cit.,* pp. 47 e segs.

que a esfera jurídica de alguém seja aberta de fora, sem autorização prévia do seu titular, quando se prossegue, em abstracto, um interesse deste, quando ao terceiro são atribuídos unicamente direitos. Nos casos em que há encargos – e mesmo que os benefícios ultrapassem os encargos – esta intromissão, não só não se pode presumir no interesse do terceiro, como não é necessária tecnicamente.

A figura em causa acabaria por coincidir com a de contrato por conta do beneficiário, figura que é distinta do contrato a favor de terceiro. Quem quiser atribuir direitos e obrigações, utilizará o mandato, a gestão de negócios, etc. Permitirá, deste modo, ao terceiro uma mais aturada ponderação dos seus interesses, que termina eventualmente com a adesão ou a ratificação. Esta ponderação não e entendida nos mesmos termos nos contratos a favor de terceiro. Como se presume licitamente que se prossegue em abstracto um interesse de terceiro, a lei entende que a reflexão deste se realizará correctamente «ex post», terminando com a adesão ou a rejeição.

É neste sentido que se deve interpretar o artigo 443.º 1, do Código Civil: ao referir-se a «... obrigação de efectuar uma prestação a favor de terceiro...», a lei afasta a imposição das obrigações correlativas.

O que pode suceder é estarmos perante um contrato misto, em que ao contrato a favor de terceiro aparecem associadas obrigações impostas noutro contrato que lhe está ligado. Suponhamos que se celebra um contrato a favor de terceiro e, simultaneamente, uma promessa de facto desse terceiro. Estes contratos podem estar na dependência um do outro, em termos de, se o terceiro não ratificar a promessa, não poder adquirir os benefícios do contrato a seu favor.

A ratificação aparecerá, no que se refere ao contrato a favor de terceiro, como um ónus.

Se a doutrina rejeita maioritariamente a imposição de obrigações ao beneficiário, já aceita sem dificuldade que do contrato a favor de terceiro derive para este um ónus[15]. Um direito em nada é preju-

---

[15] DONATI, *Trattato del diritto delle assicurazioni private*, II, 1954, pp. 387 e segs.; ASQUINI, «Oneri ed obblighi del destinatario nel contratto di trasporto», *G.C.C.C.*, 1949, I, pp. 24 e segs.; «Del trasporto», *Cnmmentario al Codice Civile* dir. AMELIA e FINZI, 1948; etc.

dicado ou diminuído, diz-se, pelo facto de vir acompanhado de um ónus[16] que reveste perante esse direito um carácter de exterioridade.

Importa, portanto, definir o ónus.

Tem-se tentado estabelecer entre o conceito de obrigação e o de ónus, um limite de carácter dimensional, excluindo-se do ónus em sentido técnico os casos em que o seu conteúdo económico iguale ou mesmo exceda o da posição jurídica activa a que corresponde esse ónus.

A teoria que, reduzindo as normas jurídicas a simples regras finais, facultativas, deixava ao devedor ampla liberdade de escolha, por não haver conformidade a um comando mas só a liberdade de comportamento em relação a um fim julgado útil[17], serve para nos introduzir na verdadeira noção de ónus. Esta teoria que equiparava, na categoria dos deveres livres, o cumprimento das obrigações e ónus, provocou uma reacção desfavorável[18] que esclareceu a distinção entre as duas figuras.

O devedor encontra-se, não numa posição de liberdade jurídica, mas sim numa situação de coacção, de sujeição, determinada pelas normas que lhe impõem um certo comportamento. O dever tem sempre por objecto a necessidade de um certo comportamento e a sua violação constitui um ilícito.

As normas que estatelem ónus propõem uma regra final e fixam os meios que as partes têm liberdade de usar para atingir os seus fins. O sujeito do ónus é chamado a desenvolver uma actividade no seu próprio interesse, necessária para a prossecução de certo fim. A obrigação é um dever de conduta imposto por uma norma para tutela de um interesse alheio. O titular do ónus tem o direito (o poder e a liberdade) de determinar a sua conduta de modo a obter um dado efeito jurídico que realiza um seu interesse. Tal conduta pode preencher-se com um conteúdo positivo ou negativo, dirigido

---

[16] BETTI, *Teoria Generale delle obbligazioni*, I, p. 64.

[17] Vd., por todos, BRUNETTI, *Il diritto civile*, 1906, p. 405; *Norme e Regole finali del Diritto*, 1913, pp. 50 e segs. e 83 e segs.

[18] Vd., por ex., FERRARA, *Trattato di diritto civile*, I, 1921, p. 309, nota 1; BARBERO, *Sistema*, tit., I, pp. 54-5.

à obtenção de um resultado útil ou a evitar uma consequência desvantajosa. Sendo um poder, é incoercível[19]. Desta maneira não se restringe, pois antes se amplia, a possibilidade de acção do beneficiário, a quem fica assistindo o direito de actuar um comportamento cuja observância determina uma modificação que lhe será favorável, na situação jurídica preexistente.

O que conta, deste modo, para saber se um certo comportamento pode ser imposto ao beneficiário, é só o facto de outrem poder ou não pretender o seu cumprimento[20].

Portanto, a distinção dimensional apontada deve afastar-se. A atribuição da vantagem poderá, nestes termos, ser subordinada ao pagamento de uma soma igual ou mesmo maior do que o valor da vantagem, desde que o terceiro permaneça absolutamente livre de escolher entre o cumprimento e o não cumprimento. Desde que o não cumprimento não implique outras consequências para além da perda do direito[21-22].

O problema da integração do *contrato de transporte de coisas* no quadro dos contratos a favor de terceiro tem sido subordinado aos parâmetros do debate que acabamos de enunciar.

O contrato de transporte de coisas é intrinsecamente dirigido a regular interesses que se estendem para além da esfera jurídica dos contraentes. A prestação principal consiste no transporte de coisas entre dois locais e, normalmente, de um sujeito que contrata com

---

[19] Sobre a noção de ónus: ANTUNES VARELA, Obrigações, cit., pp. 36 e segs.; BARBERO, Sistema, cit., I, n.º 57; SANTORO-PASSARELLI, Doutrine Generale, cit., p. 58; TRABUCCHI, Istituzioni, tit., p. 47.

[20] Independentemente de a pretensão ser apoiada nos meios coercivos do Estado, nomeadamente na acção executiva.

[21] Enquanto na obrigação o sujeito tem necessariamente de sacrificar um certo interesse próprio (embora com uma eventual contrapartida compensatória), no ónus é livre de escolher entre um sacrifício de um certo interesse (realização de um certo comportamento) e a não obtenção de uma vantagem (o que, de certo modo, também representa o sacrifício de um interesse, embora eventual).

[22] Os ónus que impendem sobre o terceiro são, normalmente, nos contratos de seguro, ónus de declarar: o risco, a verificação do sinistro, etc. (vd., nomeadamente, G. CASTELLANO, «Le dichiarazioni inesatte e le reticenze», *A.*, 1969, I, pp. 144 e segs.). Com efeito, é o terceiro que melhor conhece o risco.

um transportador para outro sujeito que não é parte no contrato, mas que suporta os seus efeitos. Não há, portanto, uma coincidência necessária, e nem sequer normal, entre o contraente e o destinatário, o que leva à conclusão da aparente eficácia externa normal do contrato de transporte. Não admira, portanto, que, em países como a Alemanha e a Itália, o interesse pelo contrato de transporte de coisas tenha ajudado decisivamente a promover o contrato a favor de terceiro ao nível de figura geral[23].

Sucede, porém, que a vantagem atribuída ao terceiro com o transporte da coisa está associada a uma série de encargos que podem ir até ao pagamento do serviço[24]. Este facto levou numerosos autores a afastar o contrato de transporte do domínio dos contratos a favor de terceiro[25-26] ou a falar de contrato a favor de terceiro com eficácia subordinada à adesão do destinatário[27]. Também já se equiparam tais «obrigações» a simples ónus[28].

---

[23] Sobre esta função histórica do contrato de transporte, vd. ASQUINI, «Contratto di trasporto». *Comm. Coord. da Blafio e Vivante,* 1935, pp. 109 e segs.; GERNHUBER, «Drittwirkungen», *cit.,* pp. 249 e segs.

[24] O artigo 390.º do Código Comercial português dispõe que o transportador não é obrigado a fazer entrega dos objectos transportados ao destinatário enquanto este não cumprir aquilo a que for obrigado.

[25] Vd., por ex., MANETTI, «La stipulazione a favore di terzi», R.D.C., cit., pp. 297 e segs.; FERRI, Manuale, cit., pp. 658 e segs".

[26] O facto de o destinatário adquirir o seu direito só uma vez expirado o termo em que os objectos lhe deviam ter sido entregues (art. 389.º do Cod. Com.) não colide com as regras básicas do contrato a favor de terceiro. Estas só exigem que o terceiro adquira o seu direito por mera força do contrato, não impedindo a sua submissão a um termo ou uma condição.

No mesmo artigo 389.º verifica-se que o destinatário adquire todos os direitos provenientes do contrato, o que parece revelar, na realidade, uma cessão de posição contratual ou um contrato por conta (sobretudo se atentar-mos em que o art. 390.º faz impender obrigações sobre o destinatário). Esta visão parece-nos, porém, incorrecta. Os direitos a que se refere o art. 389.º serão o direito de exigir a coisa e todos os seus acessórios ou substitutos, nomeadamente o direito a indemnização. Trata-se, portanto, dos direitos que integram normalmente os contratos dirigidos, como este, só ao benefício do terceiro.

[27] Cf. M. STOLFI, APPALTO. Trasporto, 1961, pp. 124 e segs.; JANNUZZI, «L'avicendamento di una serie di terzi beneficiari nel contratto di trasporto», Studi in onore di Asquini, II, 1965, pp. 981 e segs.

Cremos, porém, que o artigo 390.º do Código comercial afasta esta última hipótese ao configurar como obrigações (portanto exigíveis – n.º 1) os encargos do destinatário. Deste modo, quando impendam obrigações sobre o destinatário não se tratará de um contrato a favor de terceiro.

Se é de excluir a imposição contratual de obrigações ao beneficiário, nada impede que estas decorram da fruição normal da vantagem que este adquiriu.

Suponhamos que A compra para *B* uma quota de uma sociedade. Deste acto deriva para *B* uma vantagem. Os encargos que surjam a seguir – obrigação de participar na gestão, pagamento das dívidas sociais, etc. – não derivam do contrato, não são impostos por este, resultando unicamente do posterior exercício do benefício recebido. O mesmo se diga dos encargos correlativos à administração de uma quinta que A tenha comprado para *B*. Encargos que, em qualquer caso, podem vir a anular a vantagem inicial[29].

5. Adesão

A adesão é a declaração receptiva do terceiro de que não rejeitará o direito que lhe foi atribuído. Desta declaração resultam duas espécies de efeitos.

Antes de mais, o terceiro deixa de poder rejeitar o benefício[30]. Ratificando a intromissão na sua esfera jurídica, que o contrato a

---

[28] Asquini, Contratto di trasporto, cit., p. 108, e «Oneri ed obblighi», cit., pp. 24 e segs.

[29] Também aqui se integram as obrigações «ob» e «propter» «rem» constituídas antes da transmissão da coisa.

[30] Já houve quem afirmasse que o único efeito da adesão seria o de retirar o direito da disponibilidade do promissário, impedindo-o de exercer o seu direito de revogação. O terceiro manteria a faculdade de dispor do direito, rejeitando--o (cf. Mirabelli, ob. cit., p. 346). Não cremos que esta opinião seja correcta. Se o terceiro declara que não rejeitará o direito que lhe foi atribuído não se vê que interesse atendível o poderá levar a rejeitar posteriormente. Além do que iria lesar as expectativas razoáveis do promitente e do promissário e prejudicar a

favor de terceiro constituiu, o terceiro radica definitivamente nesta mesma esfera o benefício que lhe foi atribuído.

O outro efeito da adesão é o de impedir a revogação do promissário, salvo se outra norma tiver sido disposta no contrato (artigo 448.º). O terceiro torna-se, portanto, titular definitivo do direito que o contrato lhe conferiu. A partir deste momento, o terceiro poderá tutelar o seu direito nos termos em que qualquer outro credor na sua situação o poderá fazer.

Até ao momento da adesão, o direito, se bem que já pertencendo ao beneficiário, estava submetido à livre disposição do promissário, que se manifestava sobretudo pelo direito de revogação. A partir deste momento, a tutela do seu interesse pertence principalmente ao beneficiário, encontrando-se a situação do promissário limitada por este direito.

A aparente contradição, íntima e inerente ao contrato a favor de terceiro, entre o carácter imediato da aquisição e a caducidade da atribuição (revogação, por ex.) levou parte da doutrina a construir o contrato a favor de terceiro como um contrato com adesão: a atribuição teria a sua fonte primária no contrato estipulado entre outrem, mas a sua operacionalidade estaria submetida à «condictio iuris» da adesão do terceiro[31]. Esta apareceria, portanto, não como acto integrado no processo negocial, mas antes como momento de perfeição do tipo legal[32].

A lei não fornece porém qualquer base a concepção da adesão como um «condictio iuris». O direito já pertence, antes dela, ao terceiro que pode dispor dele.

---

segurança do comércio jurídico em geral, perturbado pela súbita rejeição de um direito adquirido de modo definitivo (cf., no mesmo sentido, VAZ SERRA, ob. cit., p. 163). Estas regras não o impedem, porém, de dispor do direito nos termos comuns a qualquer credor, nomeadamente através de remissão. Assim ficariam satisfatoriamente salvaguardados os seus interesses.

[31] F. ROMANO, La ratifica nel diritto privato, 1964, pp. 187 e segs.; LAURENT, Principes de droit civil, XV, n.º 559 e segs.; MANENTI, «Il contratto di assicurazione sulla vita con designazione di un terzo beneficiario», R.D.C, 1909, pp. 589 e segs.

[32] N. COVIELLO, Della trascrizione, 1899, pp. 85 e segs.

O direito de adesão constitui um direito potestativo, a que corresponde, do lado do promissário, um estado de sujeição. O promissário era titular de um direito de disposição do benefício de que se vê privado com a adesão.

Não necessita a adesão de ser formalizada[33], podendo mesmo ser tácita: o terceiro exige o cumprimento, usa dos meios conservatórios do seu direito, etc.

Deve afastar-se a opinião segundo a qual a falta de rejeição constituiria uma declaração tácita de aceitação[34], bem como aquelas que entendem: que a falta de rejeição não é susceptível socialmente de significado diverso da adesão; que vêem nela uma declaração legal típica; ou uma declaração com valor legal predeterminado, sem possibilidade de prova em contrario[35]. A lei não fornece qualquer apoio a estas teorias. O decurso do tempo não pode ter o sentido da adesão, só relevando como dimensão do poder de rejeição. Não constituindo a adesão um elemento de formação do contrato, mas unicamente a eliminação do poder de revogação do promissário e de rejeição do terceiro, não se sente qualquer urgência na sua declaração, presumindo-a ou ficcionando-a.

De outro modo, a adesão do terceiro, a consolidação definitiva do direito, verificar-se-ia ainda quando o terceiro fosse incapaz ou quando, mesmo tendo capacidade, não tivesse tido conhecimento do contrato celebrado a seu favor.

A adesão pode verificar-se em qualquer momento, mesmo depois da morte do promissário. Com efeito, a adesão não tem o único efeito de impedir a revogação do direito do terceiro. Revogação que não poderia ter lugar depois da morte do promissário se entendêssemos que os herdeiros deste não lhe sucediam nesse direito[36]. Tem igualmente a função de eliminar o direito de rejeitar, pelo que tem interesse em qualquer momento.

---

[33] MESSINEO, cit., p. 248; DI BLARI, Il libro delle obbligazioni, 1950, p. 420; etc.

[34] CARIOTA FERRARA, Il negozio giuridico, pp. 134 e segs., e BETTI, Teoria generale del negozio, p. 301.

[35] Vd. SANTORO-PASSARELL, cit., pp. 142 e segs.

[36] Vd. infra n.º 7 e segs.

Os sucessores do beneficiário podem igualmente aderir, se aquele não o fez anteriormente[37].

A falência ou a insolvência do promissário não obstam à adesão, na medida em que não é esta que faz adquirir o beneficio pelo terceiro; torna-o só irrevogável.

Nos contratos a favor de terceiro «mortis causa», a adesão não produz os seus efeitos antes da morte do promissário, mantendo-se possível a revogação. É igualmente possível estabelecer um termo até ao qual a adesão não é declarável.

A adesão faz-se mediante declaração, tanto ao promissário como ao promitente – dispõe-se no artigo 447.º, 3, do Código Civil.

No Código suíço das Obrigações (artigo 112.º, 3) e no Código Civil grego (artigo 412.º) a declaração deve ser feita ao promitente; segundo o Código Civil italiano, a adesão é declarada ao promissário e comunicada ao promitente (artigos 1411.º, 2 e 1921.º, 2); no Direito francês entende-se que pode ser dirigida ao promitente ou ao promissário[38]. A solução portuguesa parece ser, porém, a melhor. Ambos os contraentes estão igualmente interessados em conhecer a adesão: o promissário para saber até quando pode revogar a designação do terceiro e para estar certo se a relação de valuta vai ser ou não satisfeita pelo contrato a favor de terceiro; o promitente para saber se está ou não obrigado a satisfazer a prestação ao terceiro[39].

Devendo a adesão ser comunicada a ambos os contraentes, há que a declaração tenha chegado ao seu poder. Nesta hipótese, o recepticia produz efeitos.

A lei (artigo 224.º do Código Civil) adoptou o critério de recepção e do conhecimento. A declaração de vontade torna-se eficaz desde que chega ao poder do destinatário ou é dele conhecida. Não se exige a prova do conhecimento; basta que a declaração tenha

---

[37] ANTUNES VARELA, ob. cit., p. 283, nota 3.
[38] Cf. PIANIOL, RIPERT e ESMEIN, ob. cit., n.º 360.
[39] PIRES DE LIMA E ANTUNES VARELA, ob. cit., nota ao art. 447.º. VAZ SERRA parecia inclinar-se, nos trabalhos preparatórios (BMJ, pp. 156 esegs.), para uma adesão declarada só ao promitente e comunicada por este ao promissário.

chegado ao seu poder. Nesta hipótese, o conhecimento presume-se «iuris et de iure». Mas, uma vez provado o conhecimento, não é necessário equacionar-se esta presunção[40]

O direito de aderir, como direito potestativo que é, não é transmissível independentemente da situação em que está integrado. Acompanhará o benefício atribuído ao terceiro se este for transmitido.

A adesão condicional não levanta, em nosso entender, problemas que a tornem incompatível com a segurança do comércio jurídico[41]. A vende a B uma casa, obrigando-se este a entregar o preço a C. Este adere sob condição de A concordar na distribuição dessa quantia por obras de caridade. A concorda.

Um negócio deste tipo em nada prejudicaria a segurança do comércio jurídico. A adesão não é daqueles actos cuja natureza seria incompatível com a suspensão ou com a incerteza da sua eficácia. Convém, todavia, que a condição seja submetida ao mesmo regime de publicidade que a adesão. A comunicação da adesão envolveria igual participação da condição. A verificação ou não verificação desta deveria ser comunicada ao promitente e ao promissário. A incerteza sobre a verificação da condição não agravaria decisivamente a incerteza existente neste tipo de negócios e não se vê como prejudicaria os interessados.

Em homenagem, mais uma vez, ao princípio da autonomia da vontade, entendemos ser lícito as partes imporem ao terceiro um «spatium deliberandi» dentro do qual deverá aderir ou rejeitar. Caso contrário, o beneficiário poderá fazê-lo até ao momento do cumprimento.

6. Rejeição

A possibilidade de rejeitar o direito que lhe foi atribuído é reconhecida expressamente ao terceiro pelo artigo 447.º, 1, do Código

---

[40] PIRES DE LIMA e ANTUNES VARELA, ob. cit., nota ao artigo 224.º
[41] Contra: VAZ SERRA ob. cit., pp. 164 e segs., e ENNECCERUS, LEHMANN, ob. cit., § cit., nota 16.

Civil. Esta faculdade representa a principal concessão do ordenamento jurídico ao interesse não patrimonial do terceiro em não sofrer intromissões na sua esfera jurídica. Constitui a última expressão dos interesses que estão na base da norma geral da ineficácia extrema do negócio jurídico. O direito de rejeição dirige-se a permitir que o terceiro faça prevalecer, sobre um seu interesse positivo que o ordenamento presume até prova em contrario, um eventual interesse próprio oposto.

A rejeição define-se como renúncia a um direito já adquirido e configura-se como um acto negocial dispositivo[42].

A rejeição realiza-se mediante declaração ao promitente que deve declará-la ao promissário (artigo 447.º, 3) Se o promitente deixar de cumprir este dever, é responsável perante a contraparte (artigo 447.º, 2).

A diferença entre este regime e o da adesão que tem de ser comunicada ao promitente e ao promissário, é facilmente perceptível. O promitente é o principal interessado em conhecer a rejeição; é, pelo menos, aquele que tem mais urgência em dela saber, pois e o seu comportamento de devedor o mais imediatamente afectado pela rejeição. Até esse momento, tinha de cumprir ao terceiro; agora, estará liberado, ou terá de cumprir a outrem.

A rejeição destrói retroactivamente os efeitos da aquisição imediata do direito[43].

Entende-se geralmente que esta declaração não está sujeita a formalidades[44]. Não vemos qualquer razão para se adoptar outro regime.

O direito de rejeição é um direito potestativo a que corresponde, do lado do promissário, um estado de sujeição. Como direito potestativo é acessório do benefício atribuído ao terceiro, não pode

---

[42] O acto de recusa, em sentido próprio, é, pelo contrário, um acto não negocial: MIRABELLI, ob. cit., pág. 347, nota 24).

[43] Cf. ANTUNES VARELA, ob. cit., pp. 302 e segs. Os códigos grego (artigo 413.º) e alemão (§ 333) dispõem que, no caso de rejeição, o direito se terá como nunca adquirido.

[44] VAZ SERRA, ob. cit., pág. 164 e ENNECCERUS LEHMANN, ob. loc. cits., nota 16.

ser transmitido em separado da posição jurídica do beneficiário. Se este transmitir o seu direito, este acto equivale à adesão, extinguindo-se o poder de rejeitar.

Sendo assim, o direito de rejeitar é inerente ao beneficiário.

Não nos parece ofensiva de quaisquer interesses em jogo a aposição de uma condição à rejeição, a exemplo do que sucede com a revogação.

A rejeição constitui uma renúncia a um direito já adquirido, podendo ser atacada pelos credores do terceiro através da impugnação pauliana (artigos 610.º segs. do Código Civil).

7. Direito de revogação

O estipulante é titular do direito de revogar a promessa, direito que pode exercer enquanto o beneficiário não aderir. No caso de a promessa ter sido feita no interesse de ambos os contraentes, a revogação depende do consentimento do promitente (artigo 448.º, do Código Civil).

Com o exercício do direito de revogação, o terceiro perde o direito que lhe fora atribuído. Há, portanto, uma diminuição na sua esfera jurídica.

Já se fez o reparo de que a possibilidade de revogação seria ilógica, dado que, se o terceiro adquire o direito com base na estipulação, as partes já não deveriam poder revogá-lo[45]. Esta revogação traduzir-se-ia numa intromissão desfavorável na esfera jurídica do terceiro. Ora, se é possível compreender uma intervenção externa no sentido positivo, traduzida numa vantagem, já não é possível aceitar uma intromissão desvantajosa.

Pensou-se, portanto, poder justificar o poder de revogação sustentando-se que o terceiro, antes da adesão, ainda não adquiriu o direito. A eficácia do contrato estaria subordinada à «conditio iuris» da declaração do terceiro[46]. Parte-se do princípio de que o

---

[45] PACCHIONI, ob. cit., in R.D.C, p. 288.
[46] PACCHIONI, I contratti a favore di terzi, cit., p. 202 e auts. cits.

poder de revogação não seria admissível se o terceiro já tivesse adquirido o direito. Como a lei é clara no sentido de tal direito de revogação, não haveria outra possibilidade que não seja a de afirmar que o terceiro ainda não era titular do direito.

Esta maneira de ver contraria frontalmente o artigo 444.º do Código Civil que dispõe que o terceiro adquire o direito à prestação independentemente de aceitação. E também os artigos 447.º e 448.º que não atribuem outro efeito à adesão para além da eliminação do direito de revogação do promissário. Além de que, se é certo em geral que o acto revogável não origina direitos para outrem, não faltam hipóteses em que o poder de revogação é reconhecido mesmo depois de já ter nascido um direito subjectivo[47].

Portanto, o poder de revogação não mais necessita do que de um expresso reconhecimento legislativo para ser compatível com o direito subjectivo[48].

Também é de excluir a doutrina que, equiparando a adesão à aceitação, refere a revogação a uma proposta de contrato dirigida pelo promissário ao terceiro. Trata-se de uma teoria ultrapassada no Direito comparado e afastada pelo artigo 444.º do Código Civil[49].

A «ratio» do direito de revogar atribuído ao promissário encontra-se na consideração de que a prestação ao terceiro representa para o promissário um acto unilateral de disposição. For conseguinte, antes que surja a exigência de tutelar a confiança do terceiro, a ordem jurídica dá prevalência à protecção da esfera jurídica do promissário. E a necessidade de tutelar a confiança do terceiro só aparece depois da adesão deste. Com efeito, esta última significa que o beneficiário deseja consolidar definitivamente o direito na sua esfera jurídica – que não o quer rejeitar, que conta com ele. É com base nesta confiança que a lei afasta o direito de revogação, depois de o ter consagrado, vindo ao encontro da vontade normal das partes.

---

[47] S. ROMANO, La revoca degli atti giuridici privati, 1935, pp. 325e segs.
[48] S. ROMANO, cit., p. 51.
[49] Vd. infra n.º 9 (cap. I).

Quando se trate de um contrato com a prestação «post mortem», a situação inverte-se: salva estipulação em contrário, a promessa é revogável enquanto o promissário for vivo (artigo 448.º), pois o terceiro só adquire o direito depois da morte do promissário (451.º, 1). Aqui já não se trata de um problema de confiança a tutelar ou a não tutelar: é o próprio direito que falta. O promissário limita-se a alterar uma simples designação de um beneficiário, que não cria neste mais do que uma expectativa não tutelada juridicamente[50].

8. Natureza

A revogação é um acto unilateral receptício, realizado por declaração ao promitente que a deve comunicar ao terceiro.

É o regime que resulta por analogia do disposto no artigo 447.º, 2 do Código Civil. Torna-se eficaz nos termos do disposto no artigo 224.º[51]. Se o promitente faltar ao seu dever de informar o terceiro, é responsável perante este. Em nenhum caso a falta da informação devida ao terceiro chegará ao ponto de a revogação ficar sem efeito, subsistindo o direito do terceiro[52].

É líquido que o direito de revogação tem a natureza de um direito protestativo[53] a que corresponde um estado de sujeição, tanto do promitente como do terceiro.

No caso de concurso entre adesão e revogação haverá que indagar-se qual delas é eficaz e exclui a outra.

Deverá atender-se, para tal, à data em que tenham chegado ao promitente[54].

---

[50] Vd. infra n.º 19.
[51] PIRES DE LIMA e ANTUNES VARELA, ob. cit., nota a este artigo.
[52] Contra, VAZ SERRA ob. cit., p. 150, nota 284.
[53] Sobre a noção de direito potestativo vd. supra n.º 4.
[54] Cf. VAZ SERRA ob. cit., pp. 144 e segs.

9. Titular do direito

O titular do direito de revogação é, em via da regra, o promissário (n.º 2 do artigo 448.º). É ele o credor do negócio fundamental, é perante ele que o promitente se obriga; a atribuição ao terceiro é, economicamente, uma atribuição do promissário. Mas, da vontade das partes ou da própria natureza do contrato (se forem interessados na promessa os dois contraentes – artigo 448.º, 2) pode resultar a exigência do consentimento do promitente para a revogação.

É de excluir, pelo menos em princípio, um direito de revogação atribuído, exclusiva ou predominantemente, ao promitente. A sua admissão faria supor que só ele teria interesse na promessa – o que iria contra o disposto no artigo 443.º – e que, deste modo, o promissário seria um contraente fictício, um homem de palha, eventualmente usado para iludir quaisquer regras respeitantes às atribuições directas entre promitente e terceiro.

10. Revogação pelos credores

A generalidade dos autores[55] e dos textos legais[56] estão de acordo em que os credores do promissário não podem revogar o direito do terceiro. O direito de revogação é pessoal, razão de tomo para não

---

[55] Por todos: MAJELLO, L'interesse, cit., p. 200; De MARTINI «Natura del credito del beneficiario di assicurazione sulla vita e sua impignorabilità in sede ordinaria e fallimentare», A, 1956, II, pp. 93 e segs.; C A. FUNAIOLI, «Sulla' impignorabilità del diritto del beneficiario di asstcurazione sulla vita e degli eredi del beneficiario pre-morto», 1958, II, pp. 38 e segs.; BUTTARO, «Assicurazione sulla vita a favore di terzi e fallimento», Studi in onore di A. ASQUINI, V, 1965, pp. 228 e segs.; GASPERONI, Impignorabilità e insequestrabilità delle somme dovute dall'assicuratore sulla vita all'erede fallito del beneficiario pre-morto», R. D. Comm., 1956, II, pp. 310 e segs.

[56] Cf., por exemplo, o artigo 64.º, alínea 2, da lei francesa de 13 de Julho de 1930, para o seguro de vida.

poder ser exercido pelos credores do promissário[57]. Este é o único juiz a quem compete saber se convém modificar a anterior manifestação de vontade.

É possível que não seja exacto[58], em geral, que os direitos potestativos, no âmbito dos quais se inclui o direito de revogar, devem a sua razão de ser ao facto de estarem ligados a certas situações, estão entregues «ope legis» aos sujeitos a que estas pertencem, não sendo, portanto, atribuíveis fora das relações a que estão afectos. Mas, de qualquer modo, é isto que acontecerá no ponto em causa.

Apenas sobre o que, na prestação ao terceiro, tenha saído efectivamente do património do promissário, podem os credores exercitar os seus direitos. E o meio adequado para tanto será a acção pauliana, e não sub-rogando-se ao promissário no seu direito de revogação. Portanto, no seguro de vida assistir-lhes-á o direito de fazer reentrar no património do promissário a quantia dispendida em prémios – direito que efectivarão através da acção pauliana. Parecerá inadequado permitir-se-lhes a revogação, embora limitada a esse montante. Muito menos será justo consentir-se-lhes a revogação de todo o beneficio que nunca fez parte do património do promissário e com o qual jamais eles poderiam ter contado.

11. Renúncia ao direito de revogação

O estipulante pode renunciar ao poder de revogação, atribuindo, deste modo, e pelo que lhe diz respeito, o direito definitivamente ao beneficiário. Esta faculdade é admitida claramente no artigo 448.º, 1[59].

---

[57] COLIN, CAPITANT E DE LA MORANDIÈRE, n.º 989, p. 552; PLANIOL, RIPERT e ESMEIN, n.º 358; MARTY e RAYNAUD, n.º 262.

[58] Como quere CARIOTA-FERRARA, ob. cit., p. 358.

[59] Cf. PIRES DE LIMA e ANTUNES VARELA nota 1 ao artigo 448.º. Da mesma opinião já era a generalidade da doutrina portuguesa e estrangeira (entre os autores que assim opinavam: VAZ SERRA, cit., e PACCHIONI, Contratti, cit., p. 205. Vd. também Rel., cit., n.º 645, e artigo 1412, do Cod. Civ. It.

A renúncia pode resultar do contrato[60] ou ser estipulada posteriormente pelo promissário[61]. Se a prestação ao terceiro representa o cumprimento de uma obrigação preexistente, é natural suceder que o promissário (devedor pela relação de valuta) renuncie ao direito de revogar para maior segurança do terceiro (seu credor também na relação de valuta).

Tanto o direito de revogar, como a renúncia a essa faculdade, expressamente reconhecidos pela lei, se justificam facilmente.

O primeiro, pelas razões atrás expostas; a segunda, pela consideração que a autonomia privada mereceu à lei em todo o âmbito dos contratos a favor de terceiro[62]. Se são a vontade presumida do estipulante e a ausência de um interesse do terceiro que justificam a admissão legal da revogação, será a vontade do estipulante que baseia a renúncia a esse direito.

---

[60] Porventura, acontecerá mesmo que o direito atribuído ao terceiro seja irrevogável independentemente de qualquer declaração das partes nesse sentido. Será o caso, entre outros, de o promitente se ter obrigado directamente para com o terceiro, ficando este com um direito no âmbito desta obrigação.

[61] Não é válida a opinião segundo a qual o poder de revogação, sendo concedido pela lei, não pode ser perdido por vontade privada (Romano, cit., pag. 76). Ao permitir a revogação, nada mais faz a lei do que tirar a conclusão do jogo de interesses privados, e é a autonomia da vontade que leva a admitir a possibilidade de renúncia ao direito de revogar.

[62] Para MAJELLO (cit., pp. 205 e segs.) deve excluir-se a possibilidade de renúncia ao poder de revogação, atendendo a razão pela qual este poder £ reconhecido. Neste caso, o poder de revogação é concedido enquanto, por não ser a estipulação reptícia em relação ao beneficiário, não surge perante este a exigência de tutelar a sua confiança. Isto seria tanto assim que, normalmente, o poder de revogação extingue-se com a adesão de terceiro, ou seja, no momento em que aparece a exigência de tutelar a confiança do beneficiário.

Antes que apareça esta exigência, a renúncia ao poder da revogação surge privada de escopo apreciável. Seria um acto sem escopo, um acto não idóneo a realizar um interesse merecedor de tutela.

Esta argumentação não colhe. Pode convir ao promissário e ao terceiro, sobretudo nos contratos a favor de terceiro «mortis causa», que se renuncie ao direito de revogação; e convém recordar que estamos em pleno domínio da autonomia da vontade, tudo dependendo de o promissário entender que deve ser atribuído um direito revogável ou irrevogável.

A faculdade de renúncia também pode ser exercida nos contratos a favor de terceiro «mortis causa», como liquidamente resulta do artigo 448.º, desde que não sirva para iludir a livre revogabilidade das disposições de última vontade e a proibição dos pactos sucessórios[63]. E não servirá para esses fins se, por ex., o contrato se celebrar para cumprir uma obrigação preexistente.

12. Prorrogação

Poderá o direito de revogação ser contratualmente prorrogado para além do momento em que se deva extinguir, ou seja, para além da adesão do beneficiário?

O n.º 1 do artigo 448.º não comporta necessariamente uma resposta a este problema. Com efeito, a disposição de que «salvo estipulação contrário, a promessa é revogável enquanto o terceiro não manifestar a sua adesão» comporta uma interpretação restritiva: permite-se a renúncia ao poder de revogação, mas não se considera a sua prorrogação. Há que ver, contudo, se há motivo suficiente para se lhe atribuir um conteúdo limitado. Em vez do sentido mais lato de se ver nele a possibilidade de se renunciar ao poder de revogação, de o prorrogar, de se lhe estabelecer um termo, etc.

Contra a possibilidade da prorrogação de tal direito, aparece, desde logo, uma objecção fundada na certeza dos direitos: o contrato a favor de terceiro, ou pelo menos o direito do terceiro, encontra-se em situação de instabilidade até à adesão do terceiro que se destina precisamente a faze-la cessar. Seria prorrogar inadmissivelmente essa incerteza, se admitíssemos que a revogação pudesse ser exercida até ao momento do cumprimento. Como admitir que as partes quiseram atribuir um direito ao terceiro, uma vez que se reservam a possibilidade de o revogar até ao cumprimento? Parece que se poderia pôr em causa a própria eficácia externa do negócio,

---

[63] A, muito idoso, obtém de B, pessoa jovem, a promessa de, em troca de certos bens a receber por morte de A (evento condicionante), entregar a C certa quantia. C consegue que A renuncie à faculdade de revogar. Neste caso, a fraude à proibição dos pactos sucessórios parece evidente.

dada a inconsistência da posição do terceiro. Todas as diligências que este exercesse no sentido do cumprimento, todas as despesas que realizasse, estariam sujeitas a pura perda se, no último momento, o promissário revogasse a promessa. Mais valeria afirmar que, no caso de as partes acordarem no direito de revogação até ao momento do cumprimento, o terceiro não adquire um direito à prestação. Tratar-se-ia de contratos a favor de terceiro em sentido impróprio; o terceiro adquiriria a prestação «iure proprio», mas sem direito a exigi-la.

Não se aponte, como exemplo de prorrogação da revogação, o seguro de vida a favor de terceiro. Nestes contratos, e por força do artigo 451.º do Código Civil, o terceiro só adquire o direito depois da morte do promissário. Até aí, a promessa é revogável por o terceiro não ter qualquer direito. Quando se afirma que o direito de revogação pode ser prorrogado até ao cumprimento, está-se sob influência de uma representação do regime jurídico do seguro de vida que não corresponde à realidade da sua estrutura jurídica.

Assentamos, portanto, em que nos contratos a favor de terceiro o direito de revogação não pode ser prorrogado até ao cumprimento, sob pena de descaracterização do contrato, de se entrar no domínio dos contratos a favor de terceiro com eficácia meramente interna.

Já é possível, porém, estabelecer um termo ao direito de revogação. A adesão do terceiro, intervindo antes desse termo, significaria tão só uma renúncia ao seu direito de rejeição.

13. Limitação ao poder de revogar

Não levanta problemas a limitação convencional do direito de revogação, cuja possibilidade é claramente disposta no n.º 1 do artigo 448.º Já merece, porém, uma referência mais demorada o saber se o terceiro pode opor-se à revogação invocando a relação de valuta, o vínculo que intercede entre ele e o promissário.

Como veremos mais adiante[64], o terceiro pode invocar a relação de valuta. Nestes termos se, por forca da relação de valuta, a prestação lhe era devida, o terceiro pode opor-se à revogação.

---

[64] Vd. infra n.º 28.

14. Transferência do direito

O poder de revogação[65] pertence a uma categoria cuja característica dominante dos seus componentes é a de serem um meio de aquisição de situações patrimoniais.

Com respeito a estas situações instrumentais, o problema da sua transmissibilidade põe-se de duas distintas maneiras.

Ou se alude à transmissibilidade das situações que se podem adquirir mediante o exercício do poder de revogação – e então o problema extravasa para o âmbito da possibilidade de transferência de direitos futuros. Ou se atende à transmissibilidade do simples poder de revogação, desintegrado do complexo de direitos e deveres de que é parte. Esta última é de excluir por os direitos potestativos terem a sua razão de ser no facto de existirem certas situações e serem atribuídos «ex lege» aos sujeitos destas. São aquelas o seu pressuposto e esfera de incidência, não sendo esses direitos alienáveis e atribuíveis fora do âmbito com o qual estão conexionados[66].

Onde verdadeiramente reside o fulcro do problema é na deslocação do direito de revogação de um para o outro sujeito, ao suceder este último na posição de estipulante. Esta sucessão pode processar-se por um negócio «inter vivos» ou «mortis causa» e, nesta última hipótese, a título de herdeiro ou de legatário.

Julgamos que é possível uma solução unitária. O poder de revogação, enquanto possibilidade de um comportamento negocial, ou entra na capacidade de agir – e se adquire por lei – ou é conferido para tutela de um interesse particular (direito potestativo) e então só é transferível na medida em que for reproduzível no outro sujeito o mesmo interesse para tutela da qual a possibilidade daquele comportamento fora atribuída[67]. O que equivale a dizer que, para se reproduzir em diverso sujeito o interesse tutelado pelo poder de

---

[65] O que se escreve seguidamente sobre o direito de revogação vale, pelo menos no que respeita as conclusões, para o direito de disposição e modificação.

[66] Vd. CARIOTA-FERRARA, *Diritti potestativi...*, pp. 358 e segs.

[67] De opinião em certos pontos idêntica à do texto é MAJELLO (cit., pp. 195 e segs.). Contudo, para este autor, este discurso confirma a inadmissibilidade de uma transferência negocial do poder de revogação.

revogação, é preciso que aquele sujeito tenha também interesse na atribuição do direito ao terceiro. Pois o referido poder é concedido para se reconsiderar subjectivamente a actualidade do interesse originário a favor de terceiro. Por outras palavras: seria necessário reconstruir – e com fidelidade bastante – na esfera jurídica do novo promissário, também a relação de valuta.

Esta exigida reprodução, esta transmissão da relação de valuta, talvez seja[68] mais fácil na sucessão hereditária (e, dentro desta, na universal) do que na transferência negocial «inter vivos». No primeiro caso, o herdeiro ocupa a posição complexa do «de cuius» (por um processo análogo a da sucessão do «pater familias» do antigo direito romano) e, no segundo, adquire uma certa posição singular com base num novo e diverso título[69]. Pareceria, portanto, que só nos

---

[68] Como quer MAJELLO, *ob. loc. ult. cits.*

[69] Não vemos necessidade (como faz MAJELLO, *ob. loc. ult. cits.*) de chamar para aqui a controvérsia sobre a transferência de situações jurídicas subjectivas e a caracterização deste conceito. Será a qualidade de estipulante (ou a de contraente) transferível por acto «inter vivos» e «mortis causa»? A ideia de considerar a qualidade de contraente como situação jurídica subjectiva, considerando unitariamente todas as relações de que o contraente se torna sujeito, actual ou potencialmente, surgiu para qualificar a posição de membro de uma associação ou sociedade comercial (ver, para a evolução doutrinária sobre este assunto, GRECO, *Le società nel sistema legislativo italiano,* 1959, pag. 143; CICU, «Azioni di stato», *Enc. Dir.,* pp. 937 e segs.; BUONCORE, *Le situazioni soggetive dell'azionista,* 1960, pp. 170 e segs.). Para construir unitariamente o fenómeno da cessão do contrato (CARRESI, *La cessione del contratto,* pp. 44 e segs.; CICALA, *Il negozii di cessione,* p. 39 e segs.; PALEO, *La cessione del contratto,* 1939, pp. 9 e segs.; MIRABELLI, *Contratti,* pp. 326 e segs.; MESSINEO, *Dot. gen.,* p. 420; BETTI, *Teoria gen. ob.,* III, 2, IV, p. 40) e para dar relevância jurídica à posição do contraente na fase da pendência do contrato suspensivamente condicionado, a doutrina que não considerou o conceito de expectativa suficientemente revelador, também usou o de situação jurídica subjectiva (SANTORO-PASSARELI, *Dott. gen.,* p. 75; SCOGNAMIGLIO, «Aspetativa di diritti», *Enc. Dir.,* III, pp. 226 e segs.). Mas, mesmo que consideremos a posição de estipulante transmissível, como o fazemos a seguir no texto, sempre será de perguntar, apoiados na melhor doutrina (ver autores citados), sob pena de cairmos em conceitualismo, se não haverá razões especiais que impeçam a transferência de alguns dos singulares direitos que a integram.

sucessores a titulo universal (uma espécie de mesmos promissário como nomes diferentes) seria reproduzível o interesse pelo qual o ordenamento atribui ao estipulante o poder de revogar[70].

No que se refere à possibilidade de os herdeiros do promissário revogarem a promessa, surgem duas correntes contraditórias: uma equipara o contrato a favor de terceiro a um processo de formação do vínculo contratual; deste modo, justifica a extinção de todas as situações jurídicas instrumentais (como seria o caso do direito de revogação) no caso de morte do autor[71]. A outra corrente entende que toda a relação contratual, direito de revogação incluído, se transmite aos herdeiros do promissário[72].

O fundamento da primeira doutrina é de rejeitar. Com efeito, o contrato encontra-se perfeito com o acordo entre o promissário e o promitente, adquirindo o terceiro o seu direito com base nesse acordo, sem dependência de qualquer manifestação de vontade da sua parte. O direito de revogação não é instrumental perante o direito de terceiro, em relação à sua criação ou eficácia. Sê-lo-á perante o novo quadro contratual que produz, uma vez exercido.

Propendemos, portanto, no sentido da segunda posição.

No que se refere aos contratos a favor de terceiro «solvendi causa», a transmissibilidade do direito de revogação não oferecerá motivo para serias dúvidas: é facilmente configurável no adquirente o mesmo interesse preexistente a favor de terceiro, derivado da relação de valuta. O herdeiro não poderá, porém, usar do direito de revogação se a relação de valuta o vedava ao «de cuius».

Esta solução só poderá levantar dúvidas no caso de a atribuição ao terceiro constituir uma liberalidade, hipótese em que os herdeiros do promissário tenderão a revogá-la sistematicamente, contra a vontade presumível do promissário. Este não o teria feito, e só por facto da sua morte não acompanhou o efectivo cumprimento da prestação ao terceiro[73]. Neste caso podemos, porém, estabelecer um

---

[70] Na *Relazione del Guardasigilli ..., cit.*, era precisamente isto que se afirmava.
[71] BENEDETTI, *Dal contratto al negozio unilaterale,* pp. 75 e segs.
[72] MAJELLO, ob. cit., pp. 195 e segs. e SALV. ROMANO, ob. cit., pp. 215 e segs.
[73] Apresentando este argumento contra a revogabilidade pelos herdeiros, cf.: PLANIOL, RIPERT e ESMEIN, cit., n.º 358; DEMOLOMBE, XX, n.º 93; COLIN, CAPI-

paralelo com a doação: a proposta de doação caduca se não foi aceite em vida do donatário (artigo 945.º, 1 do Código Civil).

Embora não haja que transpor integralmente este regime para os contratos a favor de terceiro, em que já há um contrato perfeito e o terceiro já adquiriu um direito, ele justificará pelo menos a transmissão aos herdeiros do promissário do direito de revogar.

Só não será assim nos contratos a favor de terceiro com prestação «post-mortem» que têm o seu exemplo acabado no seguro de vida a favor de terceiro. Como nestes casos o terceiro só adquire o direito por morte do promissário (artigo 451.º, 1), parece que será exigir-lhe demais pretender que ele tenha aderido previamente a um direito de que ainda não dispõe, que só vem a adquirir por morte do promissário. Direito de que pode vir a ter conhecimento só neste momento. Deve entender-se, portanto, que os herdeiros do promissário não podem revogar a promessa. Trata-se, aliás, do regime consagrado pela prática do seguro de vida.

No caso de a prestação ser «post-mortem» mas o terceiro adquirir o direito antes da morte do promissário, como o permite o artigo 451.º, então regressamos ao regime geral da transmissibilidade do direito de revogação.

No que se refere à transmissão «inter vivos», também não vemos inconveniente de maior em que o direito de revogação se transmita com o conjunto da posição jurídica de que faz parte. Na cessão da posição contratual (artigos 424.º e segs. do Código Civil) deve entender-se que o cessionário vê o seu direito de revogação limitado nos mesmos termos em que o estava o do cedente-

---

TANT E DE LA MORANDIÈRE, n.º 989; MARTY e RAYNAUD, tit., n.º 263. A favor: AUBRY e RAU, IV, § 343 ter e BAUDRY-LACANTINERIE E BARDE, I, n.º 171. Contudo, em Franga estas opiniões só são formuladas «de iure constituendo», em virtude de a jurisprudência do Tribunal de Cassation e o artigo 64.º, 3, da lei de 13 de Julho de 1930 (... se o beneficiário, citado para aderir, o não fizer dentro de três meses) permitirem a revogação pelos herdeiros.

Da mesma orientação da doutrina gaulesa e VAZ SERRA, cit., n.º 24.

CUNHA GONÇLVES (n.º 498) escrevia que o direito de revogação não podia ser exercido pelos herdeiros por não fazer parte do seu património.

promissário, nomeadamente através da relação de valuta. O mesmo se passará na cessão de créditos (artigos 577.º e segs. do Código Civil). É evidente que o promitente continuará a só a poder opôr ao terceiro os meios de defesa emanados do contrato (artigo 449.º). É certo que o novo promissário pode revogar a promessa, acto que o anterior não praticaria. Mas a aceitação desta possibilidade pelo primitivo promissário estará, antes da adesão do terceiro, integrada nos seus poderes de disposição.

Note-se, a terminar, que o artigo 446.º, 1 dispõe que os herdeiros do promissário não podem dispor do direito à prestação nem autorizar qualquer modificação no seu objecto. Em nosso entender, esta norma refere-se ao caso previsto no artigo 445.º – prestação a favor de conjunto indeterminado de pessoas ou no interesse público. Na hipótese do artigo 445.º, o interesse público que está em jogo em qualquer caso e a dificuldade de os beneficiários acautelarem os seus interesses através da adesão, levaram o legislador a retirar aos herdeiros o poder de revogação. Ou seja: o artigo 446.º, 1 parece pressupor precisamente a existência deste direito em via de regra.

15. Efeitos

O primeiro problema que se põe é o de saber se a revogação pode ser parcial e se poderá, mesmo, modificar ou substituir por outro o direito do terceiro.

A revogação parcial não tem levantado dificuldades, tendo-se entendido que quem pode o mais pode o menos[74].

Contra a possibilidade de simples modificação, poder-se-ia dizer que constituiria uma alteração unilateral da esfera jurídica de um terceiro, sendo portanto inaceitável. Não parece, porém, que esta objecção deva proceder. A alteração só pode ser realizada até ao momento da adesão do terceiro e sem nunca implicar que a vantagem se transforme em prejuízo, caso em que se estaria fora dos quadros

---

[74] Neste sentido, vd. MESSINEO, «Contratto nei rapporti col terzo» *cit.*, p. 249.

do contrato a favor de terceiro. A modificação não parece, portanto, constituir uma intromissão mais abusiva na esfera jurídica do terceiro do que, num extremo, a intervenção primeira consubstanciada na atribuição de um direito e, no outro extremo, a revogação. Trar-lhe--á, de qualquer modo, menos prejuízo do que a revogação pura e simples e pode mesmo significar uma maior vantagem do que o direito inicial. Não temos, portanto, qualquer inconveniente em a admitir.

A outra questão a resolver é a seguinte: o direito de revogação consistirá numa especial posição do estipulante perante a cláusula negocial a favor do terceiro, em virtude da qual um comportamento do titular activo terá por conteúdo a manifestação da vontade de revogar a cláusula, que deixará de existir? Esta definição[75] teria em vista rebater a doutrina segundo a qual a revogação teria por objecto imediato o direito do beneficiário, deixando intocada a cláusula a favor de terceiro.

Cremos que será ir longe demais afirmar, em tese geral, que, se o direito de terceiro desaparece, isto se deve ao facto de a estipulação ter sido revogada, e não à circunstância de o poder do promissário ter como termo de relação o direito do beneficiário. Cremos que aqui, mais uma vez, tudo dependerá da vontade das partes.

No seguro de vida, o que é revogado é o direito de um certo beneficiário, mantendo-se a cláusula a favor de terceiro de modo a permitir nova designação. A cláusula a favor de terceiro tem, portanto, um conteúdo em aberto, preenchível com o nome de qualquer beneficiário.

Noutros casos, e tratar-se-á da regra geral, há uma especial consideração daquele terceiro: o promissário quer realizar uma liberalidade, quer satisfazer uma divida que tem para com ele, etc. Portanto, no caso de revogação não é possível nomear outro beneficiário. Salvo se intervier uma nova negociação entre as partes.

A terminar, queremos sublinhar que a revogação é oponível aos sucessores do beneficiário. O direito deste é por natureza

---

[75] Sobre ela ver ROMANO, *ob. cit.*, pp. 10 e segs.

revogável. A revogabilidade não só está ínsita na regulamentação do contrato, mas também se integra na sua estrutura típica. Não constitui um elemento acidental que os terceiros sucessores possam desconhecer[76].

16. Forma das declarações de revogação e de renúncia

Em muitos ordenamentos estrangeiros entende-se que a declaração de revogação não está sujeita a formalidades externas. Como as disposições do Código Civil português referentes aos contratos a favor de terceiro não indicam qualquer requisito formal, remetemos para a parte geral sobre a forma (artigos 221.º e 222.º do Código Civil) e para eventuais exigências feitas pela regulamentação própria de qualquer contrato.

Entendemos que, para segurança do promitente, o estipulante deve adoptar para a revogação a mesma forma usada ou exigida para a designação ou, pelo menos, uma que dê o mesmo grau de certeza[77]. Este princípio, se não tiver clara base legal, encontrará, ao menos, justificação na regra de boa fé.

Quanto ao modo por que se realiza, é liquido dever sê-lo por comunicação ao promitente, estando a cargo deste a notificação da revogação ao terceiro. Deverá ser levada ao conhecimento do terceiro, por ser sobre o direito deste que vai produzir os seus principais efeitos, tornando-o definitivo. Este facto alterará a sua consistência económica, permitindo, por ex., a sua mais fácil negociabilidade.

A revogação pode ser expressa ou tácita – o promissário exige em seu proveito o cumprimento da promessa[78] ou deixa de pagar os prémios do seguro de vida[79].

---

[76] ROMANO, *ob. cit.*, p. 100.

[77] MAJELLO, ob. loc. ult. cits.

[78] MAJELLO (cit., n.º 55, p. 207) escreve que o pedido de cumprimento por parte do promissário e a seu favor, equivale a revogação implícita, transformando o contrato a favor de terceiro em indicação de pagamento. Neste caso, o terceiro continuara destinatário do pagamento, não mais como titular de um direito próprio contra o promitente, mas sim como pessoa autorizada a recebe-lo.

17. Estados de sujeição

Resultando do contrato a favor de terceiro um direito de adesão para o beneficiário, o promissário vem a encontrar-se perante este num estado de sujeição. Exercido o referido direito, o promissário que até esse momento podia revogar ou modificar o contrato, vê-se privado destas faculdades. Deparamos, portanto, com um direito – o de adesão que qualificámos de direito potestativo – mediante o exercício do qual o terceiro produz modificações na esfera jurídica do promissário. Nesta medida, a situação jurídica deste último é de estado de sujeição.

A relação jurídica a que chamamos direito potestativo pode extinguir-se mediante a revogação do promissário – ou deste, com o consentimento do promitente, nos termos do artigo 448.º do Código Civil.

Como, no campo contratual, domina a autonomia da vontade, as partes podem introduzir a cláusula de exclusão do direito de adesão, tornando-se o direito revogável até ao cumprimento. Nestes casos será de entender, porém, que o terceiro não adquire qualquer direito[80].

Se a eficácia do negócio foi diferida para um termo estabelecido a favor das partes (de uma ou de ambas), o estado de sujeição só surge a partir do momento da verificação do termo, pois até lá não haverá poder de adesão[81].

Cremos poder excluir que, nesta hipótese, o promissário queira manter o terceiro sequer como simples destinatário, salva declaração nesse sentido.

[79] CUNHA GONÇALVES, n.º 498. Nesta hipótese, não haverá uma simples revogação do direito de terceiro, mas, mais do que isso uma do próprio contrato.

[80] V. n.º 5.

[81] Até esse momento tudo está suspenso: revogação, adesão, etc.

18. Momento da aquisição do direito pelo terceiro. Autonomia do direito

O momento temporal da aquisição do direito pelo terceiro varia de caso para caso, conforme a vontade das partes. Pode o direito estar sujeito a um termo ou a uma condição, ser objecto de uma disposição «mortis causa», etc.

Suceda o que suceder, porém, o direito nunca passará pelo património do estipulante, devendo nascer «ex novo», ao menos por uma ficção jurídica, no património do beneficiário. De outro modo, não se compreenderia como estaria submetido a certas regras (redução das doações, por ex. – art. 450.º do Código Civil) só aquilo que o estipulante efectivamente dispendeu e não o total da atribuição ao terceiro, total que teria passado pelo património do promissário e constituído o objecto da sua renúncia.

O beneficio foi criado para o terceiro – ou para um terceiro a designar ou incerto – nunca para o promissário. Nasce do contrato – não provém da esfera jurídica do promissário. Isto mesmo que, como será o caso normal, constitua o objecto de uma prestação que, por outra via, seria devida ao promissário; seria devida por outra via externa a esta relação. O efeito do contrato é, normalmente, o de atribuir ao terceiro algo que deveria reverter para o promissário. Mas que é agora atribuído ao terceiro sem passar pelo património do promissário.

É certo que o promissário tem um direito de crédito perante o promitente: mas é um direito de crédito a favor de terceiro, coadjuvante do direito deste. O conteúdo económico deste direito (enquanto o beneficio do terceiro não for revogado ou rejeitado, portanto) não se encontra no seu património.

Tivemos oportunidade de falar a este respeito de *concorrência funcional* de créditos. O credito do promissário, embora esteja justificado por um interesse seu, funciona a favor do terceiro na medida em que o seu próprio interesse, relevante para efeitos do contrato a favor de terceiro, também é um interesse a favor de terceiro.

Não ignoramos igualmente que o promissário pode dispor do direito do terceiro, antes da adesão deste. Mas está a dispor de algo que efectivamente não lhe pertence, o que só se justifica pelo facto de ainda não haver uma confiança do terceiro, com peso suficiente, que mereça uma tutela mais rigorosa.

É neste sentido que se fala de autonomia do direito de terceiro: o direito deste, criado por mero efeito do contrato, não provem da esfera jurídica do promissário, não lhe é transmitido por este, nascendo «ex novo» na esfera jurídica dele, terceiro.

Mas em que estado se encontra o direito, quem é o seu titular, naqueles casos em que, ao menos aparentemente, o terceiro não o adquire no momento do contrato?

Muitas vezes o terceiro adquire o direito no momento do contrato: *A* compra a *B* uma casa para *C*.

Por outro lado, como a condição tem eficácia retroactiva (artigo 276.º do Código Civil) tudo se passa como se o direito do terceiro fosse adquirido, nestes casos de aposição de condição, no momento do contrato.

Nos casos em que o benefício não entra logo no património do terceiro, ele não é também adquirido pelo promissário. Estará mais de acordo com a intenção das partes e a estrutura do negócio (art. 450.º) que se mantenha em estado de suspensão até ao vencimento ou à designação do terceiro. Mesmo economicamente não parece ser razoável considerar como entrada no património do promissário uma vantagem de que ele efectivamente não goza e que as partes não lhe quiseram atribuir[82].

Durante este estado de suspensão do direito, competirá ao promissário, não somente dispor dele total ou parcialmente através de revogação, como exercer os meios conservatórios necessários.

A designação posterior de um beneficiário, ou a possibilidade de alteração deste, não se deve considerar privativa do seguro de

---

[82] Chegando a conclusões semelhantes, PLANIOL, RIPERT e ESMEIN, ob. cit., p. 497. Segundo estes autores, as partes quiseram menos a aquisição mediata pelo terceiro, do que a não aquisição pelo promissário por, neste caso, poderem ficar expostas à acção dos credores e o direito poder ser atribuído aos seus sucessores.

vida, onde é corrente. Deve, porém, nos contratos a favor de terceiro em geral, ser prevista pelas partes.

Na falta de disposição em contrário, a designação de um beneficiário opera com efeito retroactivo. É o que se entende no seguro de vida e não se vê razão para aqui ser de modo diverso. O regime dos contratos para pessoa a nomear dá algum apoio legal, por analogia, a esta solução.

19. Contratos a favor de terceiro «mortis causa»

O n.º 1 do artigo 451.º do Código Civil dispõe que «se a prestação a terceiro houver de ser efectuada após a morte do promissário, presume-se que só depois do falecimento deste o terceiro adquire direito a ela». O problema que esta norma levanta é o de saber se a atribuição prevista se deve considerar uma disposição testamentária ou se estamos perante um contrato em que a morte aparece unicamente como um termo.

O problema tem sido muito discutido na Itália perante a formulação do artigo 1412.º do Código Civil em confronto com os artigos 1920.º e 1921.º Segundo o primeiro, se a prestação deve ser realizada depois da morte do promissário, este pode revogar o benefício inclusive com uma disposição testamentária. Isto mesmo no caso de o terceiro ter aderido, salvo, quanto a este último caso, se o promissário renunciou por escrito ao poder de revogação. A prestação deverá ser, além disso, cumprida a favor dos herdeiros do terceiro se este morreu antes do promissário – desde que o benefício não tenha sido revogado e o promissário não tenha disposto nada em contrário.

Os artigos 1920.º e 1921.º que se referem ao seguro de vida a favor de terceiro, dispõem um regime do qual há a salientar os seguintes aspectos: por efeito da designação, o terceiro adquire um direito próprio às vantagens decorrentes do seguro; a designação pode ser realizada e revogada em qualquer momento, inclusive por testamento, salvo se o promissário renunciou ao poder de revogação e o terceiro já aderiu.

Perante este regime legal, já se sustentaram as teorias do negócio «mortis causa»[83], do negócio indirecto «mortis causa[84] e do contrato com termo estabelecido no interesse do promissário[85].

Segundo a primeira, contemplar-se-ia no artigo 1412.º uma atribuição «mortis causa»: o estipulante pode revogar o benefício até em disposição testamentária e ainda que o terceiro tenha manifestado a sua adesão, revogabilidade que não seria admitida se se tratasse de uma disposição «inter vivos». Se o promissário renuncia ao seu direito de revogação, parece que a qualificação exacta será a de pacto sucessório instituto[86].

Para a doutrina do negócio indirecto «mortis causa», o seguro de vida seria um negócio «inter vivos» mas que, na sua função normal, visaria atingir um resultado análogo ao que derivaria de uma atribuição «mortis causa» – pois o direito que dele decorre não pode ser gozado pelo estipulante-segurado.

Finalmente, Majello, partindo do princípio, aliás certo, de que nem todos os actos que se referem à morte de uma pessoa como determinante de certo efeito são actos «»nortis causa», entende que os artigos 1412.º, 1920.º e 1921.º do Código Civil italiano prevêem unicamente casos de contratos submetidos a um termo (a morte do promissário), que e estabelecido no interesse deste ultimo[87].

---

[83] BETTI, *Negozio giuridico, cit.,* pp. 320, n.º 3; CARIOTA-FERRARA (*Il negozio giuridico, cit.*, pp. 318-20) inclina-se, no caso de renúncia ao poder de revogação, no sentido de se tratar de um pacto suscess6rio.

[84] ASCARELLI, «Sul concetto unitario del contratto di assicurazione»,*Studi in tema di contratti,* 1952, pp. 380-1; BISCONTI, «Deposito in nome del terzo e disposizioni di ultime voluntà», *B.B.T.C.,* 1959, II, pp. 100 e segs.

[85] MAJELLO, «Il deposito nell'interesse del rerzo», *Studi in onore di A. Asquini,* II, pp. 310-352.

[86] CARIOTA-FERRARA, ob. loc. cit.

[87] Para alguns argumentos a favor e contra estas teorias, vd. C. CAPO, «Il potere di revoca dello stipulante nel contratto a favore di terzi», pp. 67 e segs. Na Alemanha, como o BGB não proíbe os pactos sucessórios, a interpretação do § 331 não levanta problemas, limitando-se este, na opinião geral, a fixar o momento da eficácia. Cf. FLUME, ob. cit., pp. 145 e segs.

O artigo 1412.º pretende, claramente, conciliar um contrato destinado a regular um conflito de interesses sucessivos à morte de um dos contraentes, com a proibição geral dos pactos sucessórios (artigo 451.º). Parece ser decisiva a disposição de que o direito se transmite aos herdeiros do beneficiário no caso de este morrer antes do promissário. Isto significa que o negócio é eficaz ainda antes da morte do promissário, a qual não se integra no contrato como elemento do seu tipo, mas só como momento de execução: como termo de execução e não de eficácia. A doutrina italiana vê, de um modo geral, no contrato a favor de terceiro com prestação «post-mortem», um negócio «inter-vivos»[88].

A aplicação das normas que regem as disposições testamentárias levaria às seguintes consequências que não se coordenam com o regime destes contratos.

No caso de designação testamentária, esta, além de ser revogável até ao momento da morte, não explicará, antes de tal momento, a possibilidade de o direito se transmitir aos herdeiros do beneficiário morto antes do estipulante.

No caso de negócio «inter-vivos», a designação produzirá imediatamente o seu efeito: operando a morte como termo de execução, o direito ficará, desde logo, no património do beneficiário, embora em estado potencial até àquele momento, no qual se aperfeiçoa. Pelo contrário, se entendêssemos que o direito nascia para o terceiro só por morte do promissário, tal significaria que estaria situado até esse momento no património deste último – o que seria inconveniente, nomeadamente em matéria de seguro de vida: permitir-se-ia, por ex., que os credores do estipulante atacassem todo o benefício e não só o seu custo[89].

---

[88] SANTORO PASSARELI, Dottrine Generali, cit., pp. 222 e segs.; MESSINEO, Contrattto nel rapporti col terzo, pp. 250 e segs.; CAMPOGROSSO, Il contenuto atipico del testamento, pp. 299 e segs.; etc.

[89] A doutrina que se ocupa do seguro de vida inclina-se para a qualificação destes negócios como «inter vivos», constituindo a cláusula testamentária de designação também um acto «inter vivos». Cf. GASPERONI, Le assicurazioni, pp. 217 e segs., FANTLLI, «Assicurazioni sula vita», Nov. Dig. It., I, 2, 1958, pp. 137 e segs.; DONATI, Tratatto delle assicurazioni, cif., III, p. 602.

A diferença fundamental entre o regime dos contratos a favor de terceiro em geral e o dos que prevêem uma disposição «post--mortem», estará no seguinte: enquanto nos primeiros a lei faz extinguir o poder de revogação com a adesão do terceiro, no contrato a favor de terceiro com prestação «post-mortem» dispõe a sobrevivência do poder de revogação até à morte do promissário, momento em que regressa a regra geral. Permite, porém, que o promissário renuncie ao poder de revogação, o que não o impedirá de o exercer até à adesão do terceiro.

Note-se que mesmo esta renúncia ao poder de revogação pressupõe a existência de uma designação já eficaz. Não se poderia configurar a renúncia ao poder de revogação se tratassemos de um direito que ainda não existia. Não se poderá, por outro lado, aceitar a existência de uma declaração com eficácia suspensa até à morte do autor, mas já não revogável, o que contraria os caracteres essenciais da disciplina dos actos da última vontade.

Em conclusão: o problema dos contratos a favor de terceiro com prestação «post-mortem» é resolvido sem atentar contra a ilicitude dos pactos sucessórios.

Esta doutrina não parece, porém, sustentável a luz do artigo 451.º do Código Civil português que é explícito no sentido de que só depois do falecimento do promissário o terceiro adquire direito à prestação. É possível que o legislador tenha tido só em vista explicitar o aspecto de que até à sua morte o promissário tem o direito de revogar a estipulação[90], a exemplo do que faz o Código italiano. Tanto mais que, a exemplo deste Código, corrige a disposição geral com outras que parecem contradizê-la. Porém, a própria diferença de formulação faz com que tenhamos de seguir, em Direito português, uma doutrina diversa, sem afastar as consequências práticas benéficas da que vimos ser seguida em Itália.

---

[90] Sendo o seguro de vida o mais importante dos contratos a favor de terceiro «mortis causa», o seu carácter previdencial terá determinado esta disposição. O legislador terá entendido que convém que o contraente possa ponderar livremente até à sua morte quais as pessoas mais necessitadas da protecção do seguro de vida.

Nos casos de contratos de prestação «post-mortem» tratar-se--á, portanto, de uma relação de natureza sucessória, definindo-se as posições do promissário e do terceiro de acordo com ela. Daqui se conclui que o beneficiário deveria sobreviver ao estipulante. O n.º 2 do artigo 451.º dispõe, porém, para o caso de isto não se verificar, que os herdeiros do primeiro lhe sucedem na titularidade da promessa, por uma espécie de representação sucessória[91]. No entanto, dado o carácter supletivo desta norma, as partes podem dispor como melhor lhes aprouver, derrogando o regime geral.

Dada a natureza «mortis causa» da atribuição, esta é revogável até ao momento da morte do estipulante. Se este renunciar ao poder de revogação, o beneficio entra e consolida-se na esfera jurídica do terceiro, transforma-se num direito «certus an» mas «incertus quando». Enquanto mantiver o carácter de relação sucessória, a situação do terceiro é uma simples expectativa, equiparável à do designado em testamento. Portanto, a prestação que se espera não poderá ser penhorada nem executada na falência ou insolvência do beneficiário[92] e não entra nos poderes de disposição deste.

Nos casos em que se trata de um verdadeiro direito, o beneficiário pode dispor dele livremente. Isto embora a designação de um beneficiário no domínio tão importante dos seguros de vida seja realizada «intuitus personae», o que levaria a que a alienação do benefício fosse contra a vontade do promissário. Morrendo o promissário antes do nascimento do terceiro, não devem os herdeiros daquele poder revogar o beneficio, a não ser que esta faculdade lhes tenha sido reservada no negócio[93], o que bem se compreende pois, de outro modo, poderia ser iludida a vontade do promissário.

Contudo, como a vontade das partes é soberana neste capítulo, não podemos excluir que o negócio seja «inter vivos» e a morte do estipulante seja vista como um termo a que se subordinam os efeitos

---

[91] PIRES DE LIMA e ANTUNES VARELA, ob. cit., nota ao art. 451.º Presumiu--se que seria essa a vontade do estipulante que, de outro modo, teria revogado o direito.
[92] PIRES DE LIMA e ANTUNES VARELA, ob. loc. ult. cits.
[93] Cf. HECK, Gründriss des Schuldrechts, § 49, 5, b.

do negocio (termo «certo se» mas «incerto quando») ou como uma condição – se falecer dentro de certa data, B entrega cinquenta contos a C.

Nestes casos, a apurar através da interpretação da vontade das partes, já não funciona o artigo 451.º, aplicando-se o regime normal dos contratos a termo ou sob condição.

Embora a seguir analisemos mais profundamente este ponto, não queremos deixar de dizer algo sobre a situação do benefício então não adquirido pelo terceiro. Não pode sustentar-se que entre na esfera jurídica do promissário. Não só é um beneficio que não foi criado para ele, mas para outrem, como de outro modo se iria fazer coincidir necessariamente o custo e o valor desse benefício – o que contrariaria o disposto no artigo 450.º

Trata-se, portanto, de um direito suspenso até à morte do promissário.

Como vimos anteriormente, o direito é, em geral, adquirido pelo terceiro independentemente de aceitação, embora o momento dessa aquisição possa ter sido diferido no tempo – como sucede nos contratos a favor de terceiro «mortis-causa», nos termos expostos.

Não vemos qualquer motivo para nos afastarmos desta doutrina quando a estipulação para terceiro é «mortis-causa». Também aqui o terceiro adquirirá o seu direito verificado o evento da morte do promissário, sem que tenha de preceder essa aquisição de uma qualquer manifestação de vontade. Não valerão aqui, portanto, os artigos 2050.º e 2249.º do Código Civil que exigem a aceitação do herdeiro ou legatário para que este entre no domínio e posse dos bens com que e contemplado.

Isto será assim mesmo que o promissário tenha atribuído o benefício, genericamente, aos seus herdeiros, ao seu herdeiro *JB*, etc.

20. Transmissão do direito do terceiro

O direito do terceiro é transmissível «inter vivos» e «mortis causa» a exemplo de qualquer outro da mesma espécie.

Todavia, como se funda num contrato que o modela, tal transmissibilidade está dependente da interpretação deste contrato. Pode, com efeito, concluir-se que as partes o atribuíram «intuitus personae», motivo por que só o terceiro dele poderá beneficiar.

É difícil estabelecer neste domínio uma regra geral, embora com carácter supletivo. O Código Civil italiano (artigo 1412.º, 2) inclina-se, como norma geral, no sentido da transmissibilidade «mortis causa» do direito. Se o terceiro morre antes do promissário, corresponde melhor à vontade presumível deste a extensão do benefício aos seus herdeiros; nos casos em que o promissário não pretendesse tal efeito teria manifestado uma vontade contratual diferente, revogando o benefício[94].

Nos trabalhos preparatórios do Código Civil português, Vaz Serra manifestava orientação diversa[95]. O promissário pode não revogar o benefício justamente por calcular que ele não se estende aos herdeiros do beneficiário; quem ele quer beneficiar é o terceiro e não os seus herdeiros. O promissário tem, geralmente, o desejo de beneficiar um terceiro (seguro de vida) não incluindo nesse benefício os eventuais herdeiros que podem mesmo não ser da família do terceiro. A falta de revogação pode explicar-se por ignorância do falecimento do terceiro, esquecimento, etc. O benefício deve, portanto, limitar-se em princípio à pessoa do terceiro.

Há que estabelecer uma norma geral ou um certo número de princípios gerais de carácter supletivo, dado que inúmeros motivos podem ter levado as partes a não considerar o problema no contrato ou a não tomar medidas posteriormente.

A transmissibilidade «inter vivos» deve ser excluída na generalidade dos seguros de vida por causa do seu carácter previdencial. O promissário quis beneficiar um certo terceiro e não permitir que este disponha do seu direito, mesmo com contrapartida. Tal disposição contrariaria o seu carácter previdencial. De qualquer modo, o problema aqui não tem muita acuidade pois nos seguros de vida é geral o direito do promissário de designar um novo beneficiário, não podendo o terceiro bloquear este direito através da adesão.

---

[94] Cf. Relazione, cit., n.º 645; para o Direito francês vd. PLANIOL e RIPERT, ob. cit., por ESMEIN, n.º 360; AUBRY e RAU, IV, § 343 ter, nota 27.

[95] Ob. cit., pp. 134 e segs.

A generalidade dos direitos será, porém, em geral, transmissível entre vivos. O seu conteúdo patrimonial, a sua dependência económica perante uma relação de valuta integrada no normal comércio dos bens, não permite outra norma supletiva. Exceptuam-se aqueles que forem inerentes ao titular de um outro direito, pois deverão acompanhar este nas suas vicissitudes. É o caso do beneficiário de um seguro de responsabilidade civil que não poderá transmitir o direito resultante do seguro independentemente do direito de indemnização.

No que se refere à sucessão «mortis causa», a maioria das doutrinas e das legislações estão de acordo na transmissibilidade da posição de beneficiário.

Um único grupo de contratos poderia levantar problemas nesta material: os seguros de vida. O seu carácter previdencial parece implicar o «intuitus personae». Mas este objectivo não exclui mais do que a sua transmissão a um legatário, e não aos herdeiros. Se o promissário tiver contratado o seguro «intuitus personae» sempre poderá designar um novo beneficiário.

A lei, no artigo 451.º, 2 do Código Civil, apoia esta solução, ao contemplar os casos em que a prestação é efectuada depois da morte do promissário: se o terceiro morrer antes do promissário, os seus herdeiros são chamados em lugar dele à titularidade da promessa. Esta disposição compreende os contratos de seguro de vida em que a prestação só é devida por morte do promissário, e vale para os seguros de vida a termo.

O artigo 45 1.º, 2 vem, além disso, resolver um problema de difícil análise. No n.º 1 dispõe-se que, se a prestação a terceiro houver de ser efectuada após a morte do promissário, presume-se que só depois do falecimento deste o terceiro adquire direito a ela.

Como se compreende que, não tendo o terceiro adquirido qualquer direito (o que sucedera só com o falecimento do promissário), os herdeiros do promissário pré-morto herdem um direito que não lhe pertencia? O terceiro deveria, portanto, sobreviver ao promissário e, salva contratação diversa, caso aquele não sobreviva a este, o benefício não se transmitiria aos herdeiros.

A superação desta aparente contradição realizar-se-á através do seguinte discurso. Os herdeiros não podem adquirir, é certo, um direito que não pertencia ao terceiro beneficiário. O que se lhes transmite é a mesma expectativa que assistia ao «de cuius». O direito só surgirá no seu património depois da morte do promissário e, então, por direito próprio e não a titulo sucess6rio, por este direito não existir no património do «de cuius»[96]. Em resumo: num primeiro momento, sucede-se na expectativa à aquisição de um direito; numa segunda fase, há a aquisição originária do direito esperado.

21. Os créditos concorrentes do promissário e do terceiro

A análise que temos feito tem assentado regularmente em que tanto o promissário como o terceiro são credores. Ambos são titulares de interesses protegidos; ambos dispõem da tutela desses interesses.

Tratar-se-á de credores solidários? Reduzir-se-á o contrato a favor de terceiro a uma forma de solidariedade activa?

A resposta é, sem dividia, negativa. Não, com certeza, por a lei ou as partes não terem disposto expressamente esse regime. Com efeito, basta que a solidariedade «resulte da lei ou da vontade das partes» (art. 513.º do Código Civil). A interpretação da vontade das partes ou da lei, as conclusões assentes sobre o regime legal ou contratual disposto, podem levar à conclusão de que a solidariedade é o elemento caracterizador da situação em causa.

Não se trata porém, repetimo-lo, de solidariedade, na medida em que faltam as características essenciais desta.

Para que haja solidariedade activa é necessário que qualquer dos credores tenha a faculdade de exigir do devedor a prestação por inteiro e que a prestação efectuada pelo devedor a qualquer deles, o libere perante os outros[97].

---

[96] Cf. MIRABELLI, ob. cit., p. 438. Contra, MESSINEO, Don. gen., cit., p. 410, para quem a aquisição é «iure successionis», por o terceiro já ter adquirido um direito à prestação. Isto, contudo, não é, como vimos, exacto, pois se o contrato a favor de terceiro «mortis causa» está sujeito às normas da sucessão hereditária, o terceiro, antes da morte do estipulante, nada adquire, e, portanto, depois do seu falecimento nada se pode transmitir aos herdeiros.

[97] Sobre a solidariedade vd. ANTUNES VARELA ob. cit., I, pp. 607 e segs; GUILHERME MOREIRA, ob. cit., II, n.º 14 e segs.; VAZ SERRA, «Pluralidade de

Não é o que sucede nos contratos a favor de terceiro. O terceiro é credor em nome e interesse próprios, tendo direito à prestação. O promissário, embora também credor em nome e interesse próprios, é-o em benefício de terceiro: nada mais pode exigir do que a entrega da prestação a este último. O seu crédito é funcionalizado, dirigido ao beneficio de um terceiro. Daqui resulta que, se o promitente presta ao terceiro, cumpre a sua obrigação, liberando-se perante o terceiro e o promissário. Mas se presta a este último, não cumpre a sua obrigação, não se encontrando portanto liberado.

O promissário e o terceiro não são, portanto, credores solidários. Os seus créditos são antes concorrentes ao cumprimento ao terceiro.

Não se trata também de obrigações conjuntas, pois a prestação não se vai fraccionar entre os diversos credores: só o beneficiário a ela tem direito. Estamos perante uma pluralidade activa, *concorrente* na pessoa do terceiro.

O que acabamos de expor não é prejudicado pela possibilidade que assiste ao promitente de, antes da adesão do terceiro, cumprir validamente ao promissário. Antes da adesão do terceiro, o promitente libera-se cumprindo quer ao beneficiário quer ao promissário, desde que este ultimo assim o exija.

Este raciocínio, que levaria a existência de uma solidariedade, e porem prejudicado pela necessidade de revogação do direito do terceiro. Tendo o promissário a possibilidade de revogar o benefício atribuído, a exigência feita de que a prestação lhe seja cumprida equivalera a uma revogação tácita. Para que o promitente possa cumprir ao promissário, e necessário que o direito do terceiro já não exista, que tenha havido uma revogação, mesmo tácita e contemporânea a exigência do cumprimento. A obrigação não e plural mas singular.

O facto de não se tratar de solidariedade, não implica que o regime dos contratos a favor de terceiro não se possa aproximar ou

---

devedores ou de credores», Sep. *B.M.J.,* Lisboa, 1957; GOMES DA SILVA «Da solidariedade nas obrigações», *R. F. Dir. Lisboa,* IV e V; RUBINO, «Delle obbligazioni» (arts. 1285-1320), *Com. de Scialogia e Branca,* 1961; KRELLER, «Mehrheitvon Gläubigen und Schuldern», *ACP,* 146, pp. 97; etc.

mesmo coincidir com o da solidariedade, em situações que pressuporem uma ponderação de interesses bastante próxima: caso julgado, prescrição, etc. Trataremos deles a medida que forem levantados pela análise estrutural que estamos a realizar.

22. Garantias

Saber se as garantias prestadas para assegurar o cumprimento do contrato o foram em proveito do promissário ou também do terceiro, reconduz-se a um problema de interpretação do contrato. São possíveis, porém, presunções num sentido c noutro.

Em princípio, tanto o promissário como o terceiro, sendo credores, podem utilizar as garantias prestadas pelo promitente para assegurar a satisfação do direito do terceiro.

Nos contratos com cláusula acessória a favor de terceiro, sobretudo se o direito do terceiro ocupar um lugar reduzido na economia do contrato, não nos repugna admitir uma presunção de exclusividade do estipulante a usar das garantias, embora se necessário a favor do terceiro. De outro modo, poderiam surgir da acção do terceiro graves embaraços para o promissário. Assim, se o beneficiário promovesse a venda do prédio hipotecado para satisfação do crédito, esta venda poderia ser inoportuna e infeliz, prejudicando desta maneira os interesses mais vultosos do promissário.

23. Meios conservatórios do direito do terceiro

Os artigos 605.º e seguintes do Código Civil atribuem ao credor um conjunto de meios destinados a conservar a garantia patrimonial do seu direito de crédito.

Há que averiguar em que termos o terceiro e o promissário os podem utilizar.

Incorreríamos em erro de método se assentássemos, «a priori», que só os podem exercitar na medida em que forem credores. O processo de indagação tem de ser inverso. Há que ver se há motivos para que o promissário e o terceiro exerçam aquelas faculdades.

Nos contratos a favor de terceiro «inter vivos» nada impede, seja em que momento for, que o promissário e o terceiro usem dos referidos meios conservatórios. Quer antes, quer depois da adesão do terceiro, tanto este como o promissário tem o direito de exigir o cumprimento do estipulado a favor do terceiro. Nada obstará a que usem dos meios conservatórios da garantia patrimonial desse direito, mesmo que o não consideremos como um direito de crédito típico ou completo. Pelo menos para esse efeito, promissário e terceiro são credores.

Mesmo depois da adesão do terceiro, o promissário é livre, se nisso tiver interesse, em exercer esses procedimentos conservatórios no caso de inércia de terceiro. Embora o não exercício por parte do beneficiário se pudesse considerar como um meio indirecto de renúncia ou de perdão a favor do promitente, o promissário terá interesse em que as suas relações com o beneficiário, estabelecidas através da relação de valuta, tenham um desfecho normal e claro através do contrato a favor de terceiro. O mesmo se deve dizer do seu interesse em que a vida da relação de cobertura decorra pontualmente, sem equívocos.

Nos contratos a favor de terceiro «mortis causa» a solução deve ser um pouco diferente.

Esta diferença não se verificará quanto ao promissário, a quem deve ser permitido o uso das faculdades previstas nos artigos 605.º e segs., na medida em que é ele, e só ele, o credor.

A situação altera-se no que se refere ao terceiro, na medida em que este não tem qualquer direito antes da morte do promissário (artigo 451.º), mas sim uma simples expectativa, como tal desprovida de tutela jurídica.

Nada impedirá, porém, que o terceiro actue quando o promissário esteja impossibilitado de tomar conhecimento da situação ou de agir (por si, ou por intermédio de um representante). Tal inércia não equivale ao exercício de qualquer direito que não há que perturbar; não se pode dizer que se não age é porque não quer. É então possível a intervenção do terceiro a titulo de gestor de negócios.

Nas hipóteses em que o promissário renuncie ao poder de revogação, como lho permite, mesmo nos contratos «mortis causa», o artigo 448.º do Código Civil, ou uma vez convencionado que o beneficiário adquire direito à prestação mesmo antes da morte do promissário (artigo 451.°), o terceiro fica titular de um direito a termo incerto, dotado dos correspondentes meios conservatórios.

24. Direitos no caso de não cumprimento

No caso de não-cumprimento, os direitos que assistem ao terceiro não se afastam dos de um normal credor.

Já tivemos oportunidade de analisar o seu direito de resolução[98].

A obrigação de indemnizar que impende sobre o promitente tem por objecto todos os danos sofridos pelo beneficiário resultantes do não cumprimento da prestação convencionada no contrato. Já não englobará, porém, os prejuízos sofridos pelo terceiro em virtude de uma eventual não satisfação da relação de valuta através do não cumprimento do contrato a favor de terceiro. Por estes, será responsável o promissário. O promitente é estranho à relação de valuta nas suas relações perante o terceiro. Será só responsável perante o promissário pelos prejuízos sofridos por este pelo não cumprimento da relação de valuta, desde que conhecesse esta e o seu significado na formação do contrato a favor de terceiro.

Nem sempre será fácil distinguir os dois tipos de danos sofridos pelo terceiro. Trata-se de uma relação de causalidade adequada a resolver nessa sede.

O direito de indemnização que assiste ao terceiro é um direito próprio, como próprio é o direito do qual o direito de indemnização resulta.

Pode suceder que o beneficiário se atrase em exigir a indemnização a que tenha direito. Esta inércia não equivale à rejeição do direito, rejeição que pode mesmo ser impossível em virtude de adesão anterior. Também aqui as consequências são as normalmente atribuídas a igual comportamento de qualquer outro credor (prescrição ou, eventualmente, renuncia). Todavia, nesta categoria contratual, a existência de outro credor, o promissário, leva a que este possa exigir

---

[98] Vd. *supra* n.os 7 e segs.

a indemnização a favor do beneficiário. O promissário podia exigir o cumprimento da prestação devida ao terceiro. Não se vêem razões para que não possa exigir a indemnização que se lhe vem substituir.

Cremos que esta norma deriva dos princípios gerais referentes à própria estrutura dos contratos a favor de terceiro. É, além disso, confirmada pelo n.º 2 do artigo 446.º do Código Civil que precisa que os herdeiros do promissário e as entidades competentes para reclamar o cumprimento da prestação têm o direito de exigir a correspondente indemnização, para os fins convencionados. Não se deve considerar que esta disposição reveste carácter excepcional. É antes a reafirmação de um princípio geral num domínio preciso em que se exigiam particulares precisões dadas as dúvidas que envolve. De outro modo, não se compreendia a ausência da menção do promissário, sendo este particularmente legitimado para a exigência de indemnização. O legislador entendeu que, quanto a este, já não seriam legítimas duvidas sérias.

É certo que, sem a colaboração do terceiro, haverá dificuldades em determinar os prejuízos que ele efectivamente sofreu. Cremos que, nestes casos, e por uma questão de certeza, o «quantum» indemnizatório deverá englobar só a prestação devida – se possível em espécie – e os juros legais de mora.

25. Responsabilidade do promissário pelo não cumprimento

Versa-se, neste domínio, a questão de saber se o promissário é responsável perante o terceiro pelo não cumprimento ou insolvência do promitente.

Em nosso entender, a solução do problema depende da relação intercedente entre o promissário e o terceiro, ou seja, da relação de valuta.

Na ausência de obrigação assumida pelo promissário de garantir a satisfação do direito atribuído ao beneficiário, será necessário determinar qual a causa da atribuição do benefício, qual o interesse do promissário, ou do promissário e do promitente, nos casos em que este último também tenha interesse na atribuição do benefício.

Nos contratos a favor de terceiro «donandi causa» não deve impor-se qualquer responsabilidade ao promissário. Como este agiu com espírito de liberalidade, seria injusto que respondesse pelo não cumprimento ou insolvência do promitente, desde que fosse estranho a este facto[99]. Como não havia qualquer obrigação preexistente entre o promissário e o terceiro[100], pode afirmar-se que o único que estava vinculado, no que se refere ao resultado, para com o terceiro e, como tal, o único responsável é o promitente.

Só em casos excepcionais seria de admitir outra solução: o promissário assumiu expressamente a obrigação de indemnizar o prejuízo; o não cumprimento do promitente deve-se a facto doloso do promissário; assume carácter remuneratório a liberalidade que o promissário realiza ao terceiro[101].

Assentamos, portanto, na norma geral de que o único responsável pelo não cumprimento do promitente é este último[102], ressalvadas as excepções indicadas.

Se o contrato a favor de terceiro é «solvendi causa», a solução pode ser diferente da anterior, por o contrato ser celebrado no cumprimento de uma obrigação preexistente que vinculava o promissário e o terceiro. O problema da responsabilidade do estipulante pela insolvência ou não cumprimenta do promitente é, antes de mais, um problema de sobrevivência da obrigação a que o promissário era originariamente obrigado perante o terceiro.

Se essa obrigação se extinguia com a simples celebração do contrato, se o promissário era só obrigado a esta celebração, o promissário só tem de garantir a validade do contrato e a exigibilidade da prestação no momento da celebração, a nada mais estando vinculado. Concluído o contrato, fica exonerado de qualquer respon-

---

[99] Vd. os arts. 956.º e 957.º do Código Civil que também restringem a responsabilidade do doador e que podem ser aplicados por analogia.

[100] Alguns autores falam de inexistência da relação de valuta.

[101] Continuamos a aplicar por analogia o disposto nos arts. 956.º e 957.º dado que, pela relação de valuta, há uma liberalidade

[102] MAJELLO (ob. cit., pp. 208 e segs.) invoca, para chegar a esta conclusão, a analogia com o artigo 1267.º, 1, do código italiano, segundo o qual o cedente não responde pela solvência do devedor. A cessão prevista nesta norma é semelhante ao contrato a favor de terceiro "donandi causa".

sabilidade por insolvência ou não cumprimento. A relação de valuta cumpre-se, extinguindo-se, no momento da celebração do contrato[103].

O outro bloco de contratos a favor de terceiro «solvendi causa» é o daqueles em que o promissário pretende satisfazer uma obrigação que assumiu anteriormente para com o terceiro, através do direito que agora lhe atribui, através do cumprimento do promitente. A prestação devida pelo promitente, ou uma equivalente, é devida pelo promissário na relação de valuta. O promissário, portanto, só se libera com o cumprimento do contrato a favor de terceiro. De maneira que, se o promitente não cumprir, o promissário mantém-se obrigado.

Será responsável pelos prejuízos causados pelo não cumprimento do promitente? Se, na relação de valuta, o terceiro acordou no cumprimento do promitente, ou se aderiu ao direito que lhe foi atribuído, só o promitente será responsável pelos danos causados pelo não cumprimento. Caso contrário, o promissário será o único responsável pelo não cumprimento, dado que o promitente será sempre estranho («terceiro») em relação ao beneficiário a quem não pode ser imposta a posição de credor. O que não impede que o promissário se possa dirigir contra o promitente para lhe exigir, com base na relação de cobertura, a indemnização dos danos sofridos.

Esta solução encontra apoio legal no regime estatuído para a assunção da dívida (artigo 595.º) em que, se não houve consentimento do credor, o antigo devedor continua a responder pelo cumprimento da dívida.

26. Outros direitos no caso de invalidade ou não cumprimento

Temos observado, diversas vezes, que só o promissário é parte no contrato celebrado a favor de terceiro, não sendo este mais do que um beneficiário estranho ao contrato.

---

[103] O artigo 587.º fornece algum apoio legal à não responsabilidade do promissário, ao restringir a responsabilidade do cedente à existência e exigibilidade do crédito ao tempo da cessão nos termos aplicáveis ao negócio, gratuito ou oneroso, em que a cessão se integra. Vd. sobre os arts. 1198.º e 1273.º do Código italiano, MAJELLO, ob. cit., n.º 57.

O facto de o terceiro adquirir um direito a exigir o cumprimento do estipulado a seu favor, direito que, depois da sua adesão, se consolida na sua esfera jurídica, não o transforma em parte. Todos os direitos que pressupõem a qualidade de parte pertencem, portanto, ao promissário e não ao terceiro. Porém, a coexistência do direito do promissário com o direito do terceiro não deixa de levantar sérios problemas, sobretudo depois da adesão.

De entre as acções que podem levar à anulação ou rescisão do contrato, algumas há que pressupõem a qualidade de parte. Tais acções – v.g. anulação por excessiva onerosidade – são atribuídas unicamente ao promissário, visto o terceiro não ser, por definição, parte[104].

As acções dirigidas à verificação da nulidade ou a anulação do negócio respeitam, portanto, ao promissário. Não só em virtude da sua qualidade de parte. Também por que não será possível encontrar no beneficiário qualquer interesse no sentido da invalidação do negócio, pois esta actuação equivaleria à extinção do benefício. O beneficiário poderá actuar neste domínio como um simples terceiro, quando e na medida em que este o possa fazer; poderá, por ex., invocar a nulidade (artigo 286.º do Código Civil).

O que acabamos de afirmar é particularmente exacto quando o benefício do terceiro se tiver inserido numa relação mais ampla entre o promissário e o promitente, num contrato do qual não constitua mais do que uma cláusula acessória. Não se vê como o beneficiário poderia intervir – a não ser nos limites permitidos a um terceiro – num contrato que é «res inter alios», subtraído ao seu poder e largamente ao seu interesse económico, na medida em que dele só retira um benefício limitado.

As acções de invalidade, resolução, etc., promovidas pelo promitente têm como sujeito passivo o estipulante. Embora nelas o beneficiário possa intervir na qualidade de assistente, em virtude do seu interesse na manutenção do contrato e conservação do seu direito.

---

[104] Afirmações análogas se fazem, no domínio da cessão de crédito, com o fim de excluir o cessionário do exercício de tais direitos. Cf. PANUCCIO, La cessione volontaria dei crediti nella teoria del trasferimento, 1955, p. 51.

De qualquer modo, as decisões judiciais valerão também contra o terceiro, se forem favoráveis ao seu interesse. Isto em nada prejudicará o promitente que terá explanado na lide todos os seus meios de defesa. Se as decisões forem desfavoráveis ao interesse do terceiro, valerão também perante ele, apesar de o promissório poder ter sido pouco diligente ou ter estado mesmo conluiado com o promitente. Isto deriva da qualidade de parte que só assiste ao promissário. E o terceiro poderá defender os seus interesses através do expediente processual da assistência. As regras descritas valerão também para o caso de resolução por não cumprimento?

Podem descortinar-se aqui situações de conflito entre o interesse do promissário a resolução[105] e um interesse legítimo do terceiro ao cumprimento.

Se o beneficiário ainda não aderiu ao benefício que lhe foi atribuído[106], a possibilidade de resolução não levanta dificuldades. Se o estipulante pode revogar o direito do terceiro, também o pode fazer indirectamente, resolvendo todo o contrato.

Desde o momento em que o beneficiário aderiu, o conflito de interesses já não se resolverá necessariamente a favor do promissário. O direito deste torna-se irrevogável, consolida-se na sua esfera jurídica, não deve ser atacado, quer directamente através da revogação, quer indirectamente através da resolução. No caso de nulidade é o interesse público no sentido da destruição do contrato que sobreleva o interesse do beneficiário ou das partes. Mas aqui é o simples interesse privado do promissário que colide com o interesse do beneficiário.

Parece, portanto, que, depois da adesão do terceiro, o direito do promissário de exigir a resolução lhe deve ser retirado ou pelo menos muito limitado. O que não conduz necessariamente à reserva de tal acção ao terceiro, visto que o contrato foi celebrado pelo pro-

---

[105] Sobre a resolução vd. arts. 801.º e 802.º do Código Civil.

[106] Ao lado da adesão expressa há que colocar a adesão tácita. Está fora do âmbito da adesão o caso de, embora já tivesse decorrido o prazo do cumprimento, o terceiro nada ter feito – nem seria exigível que fizesse – para obter esse cumprimento.

missário e se pode integrar de maneira muito complexa na sua esfera jurídica: o seu interesse é de considerar[107].

Quando o contrato for de prestação acessória a favor de terceiro, a proeminência da posição do promissário acentua-se, pois seria inadmissível que o terceiro interviesse tão decisivamente na dinâmica de um contrato do qual só retira um benefício.

Se a cláusula a favor de terceiro for isolável do conjunto do contrato e o não cumprimento se lhe referir, o seu destino estará nas mãos do beneficiário. Mas, a maioria das vezes, a cláusula a favor de terceiro não se poderá cindir do resto do contrato e a questão terá de ser posta globalmente.

Nestes contratos será o interesse do promissário que prevalece. O contrato pertence-lhe também economicamente e o interesse do terceiro ocupa uma posição de segundo plano. Consequentemente, se houver conflito e o promissário for favorável à resolução, o contrato será rescindido, embora se deva reconhecer ao terceiro o direito de ser indemnizado pelo não cumprimento.

Nos contratos só a favor de terceiro, naqueles em que o promitente se obriga só (ou, pelo menos, principalmente) a uma prestação ao terceiro, para se resolver o contrato será necessário que o beneficiário nisso tenha interesse. O promissário que agiu em benefício do terceiro, não pode resolver o contrato pois o principal interessado é aquele. Embora o terceiro não seja parte e, portanto, não possa dispor do contrato, parece que, neste caso, o seu interesse é decisivo e lhe permitirá tomar decisões que, sob o ponto de vista prático, respeitam essencialmente ao objecto do contrato.

Em qualquer caso, o beneficiário terá direito a ser indemnizado de todos os prejuízos sofridos.

---

[107] O fundamento da resolução não se reveste de interesse para o nosso posição do credor que já não tenha interesse no cumprimento moroso (cf., por todos, MIRABELLI, ob. cit., pp. 475 e segs.). Para NICOLÓ («Termine essenziale e mora debendi», FORO IT., 1944-6, pp. 931 e segs.) a resolução representa uma sanção pelo não cumprimento. Durante a vigência do anterior Código italiano, alguns entendiam que o fundamento da resolução residia na exigência de tutelar a vontade das partes por estas terem concluído o contrato sob a condição resolutiva tácita do não cumprimento (para a apreciação desta doutrina, vd. SCOGNAMIGLIO, CONTRATTI, p. 262).

Ao promissário assistirá o direito de exigir a restituição do que prestou ao promitente (artigo 801.º do Código Civil). Esta restituição indemnizá-lo-á pelo menos em parte.

O beneficiário terá de ser indemnizado pelo promitente e pelo promissário, quanto a este na medida da restituição de que beneficiou. Pode mesmo resultar da economia do contrato que a prestação realizada pelo promissário ao promitente deva ser restituída, não àquele, mas ao beneficiário, a título de indemnização, na medida em que este seja senhor do interesse decisivo no contrato[108]. De outro modo, o promissário poderia, mesmo depois da adesão do terceiro, revogar o seu benefício por um meio indirecto. Como o promitente não pode ser obrigado a restituir a prestação e a indemnizar o terceiro pelos danos emergentes da sua não recepção, eis que o beneficiário se veria prejudicado – e o promissário enriquecido na medida em que readquiria a contraprestação do devido ao terceiro. É a medida desta contraprestação que deve entregar ao terceiro, como algo que lhe era devido pelo contrato[109].

27. O artigo 450.º do Código Civil

O contrato a favor de terceiro cria duas relações jurídicas: uma, entre o promissário e o promitente; a outra, entre o promitente e o terceiro.

---

[108] Sobre este ponto, vd. AUBRY e RAU, ob. cit., 6.ª ed., IV, por BARTIN, § 343 bis; DEMOGUE, ob. cit., VII, n.ºs 786 e 847.

[109] A figura do enriquecimento sem causa não é aqui chamada. Com efeito, intervêm aqui dois critérios da medida da obrigação de restituir: o que era devido ao terceiro e o valor da prestação adquirida pelo promissário. No enriquecimento sem causa só o enriquecimento do promissário teria de ser levado em conta. Exemplifiquemos: se a prestação devida ao terceiro valia duzentos e cinquenta contos e o promissário se viu restituído de um valor objectivo de quinhentos, é de duzentos e cinquenta que deve indemnizar o terceiro. No enriquecimento sem causa teria de se medir o enriquecimento do promissário obtido com a restituição – que poderia ser maior ou menor do que o valor objectivo da prestação. Seria deste enriquecimento que teria de se partir para se verificar que parcela dele seria obtida a custa do terceiro, e que parte seria, portanto, devida ao terceiro.

A primeira é uma normal relação contratual que envolverá direitos e obrigações de diversa ordem para cada uma das partes. Algumas destas podem ser estranhas à estipulação a favor do terceiro, sobretudo se esta não for mais do que uma cláusula acessoria.

A segunda traduz-se num direito de crédito do beneficiário em relação ao promitente e na correspondente obrigação da pane deste.

É a primeira que origina e modela o direito de terceiro, pelo que se lhe da o nome de relação de cobertura, ou de provisão.

Mas, por detrás de relação de cobertura, justificando o direito atribuído ao terceiro, situa-se um certo interesse do promissário em outorgar a vantagem. Este interesse pode decorrer de uma relação jurídica preexistente – o promissário quer cumprir uma dívida sua para com o terceiro, por ex. Ou o promissário, desejando realizar uma liberalidade para com o terceiro, contrata a vantagem a seu favor. Esta relação entre o promissário e o terceiro denomina-se relação de valuta.

No que se refere às relações entre o promissário e o promitente, umas vezes este receberá uma contraprestação do promissário; outras, a prestação do promitente é «donandi causa» para com o promissário.

Também o promitente pode ser levado a uma atribuição ao terceiro, verificando-se, nessa altura, uma atribuição comum[110].

A prestação do promitente ao terceiro representa uma atribuição indirecta do promissário ao terceiro. Ambas as prestações correspondem, portanto. Mas já a do promissário pode ser economicamente diferente, ou pode não existir se o promitente quis realizar uma liberalidade ao promissário. Em conclusão: o que o promissário dispendeu para obter a prestação do promitente ao terceiro pode ser diferente, inferior ou superior, ao valor desta prestação.

Põe-se o problema de saber qual destes valores deve ser considerado para efeitos de revogação da liberalidade, colação, imputação na quota disponível, impugnação pauliana, negócio imoral, etc. Quando os credores, os herdeiros do promissário ou outros interessados desejem atacar o acto de disposição praticado pelo promissário em relação ao terceiro, importa determinar se a sua acção se deve

---

[110] Cf. AECK ob. cit., § 48, 3.

dirigir contra a prestação do promitente ao terceiro (equivalente a do promissário a este) ou em relação a contraprestação do promissário aquele.

O artigo 450.° do Código Civil, referindo-se a esta matéria, veio estatuir que «só no que respeita a contribuição do promissário para a prestação a terceiro são aplicáveis as disposições relativas a colação, imputação e redução das doações e a impugnação pauliana» e que «se a designarão do terceiro for feita a titulo de liberalidade, são aplicáveis, com as necessárias adaptações, as normas relativas a revogação das doações por superveniência de filhos legítimos ou ingratidão do donatário»[111]. Como explicar este artigo?

Muitas vezes, como dissemos, há diferenças entre o custo e o valor do benefício atribuído a terceiro[112]. Há casos em que a lei pretende reagir contra um empobrecimento (o do promissário), outros, contra um enriquecimento (o do terceiro). No primeiro grupo, o valor a considerar é o que efectivamente saiu do património do promissário, ou seja, a retribuição ao promitente da prestação por este realizada ao terceiro, valor que pode ser maior, menor ou igual a esta – ou que pode mesmo não existir se o promitente realizar uma liberalidade ao promissário. Nesse grupo se incluem a colação, a imputação e redução das doações e a impugnação pauliana[113]. Pretende-se reagir, não contra a liberalidade visando a pessoa do terceiro, mas sim reintegrar-se no património do doador o que dele foi retirado, para evitar que certo grupo de interessados (como os seus credores ou herdeiros) fique absoluta ou relativamente prejudicado[114].

---

[111] Cf., no mesmo sentido, o art. 460.° do Cod. Comercial quanto ao seguro de vida. O § 2.°, do art. 68.° da lei francesa o seguro afasta também quanto aos prémios a aplicação dos preceitos relativos a colação, imputação e redução das doadores, a menos que aqueles representem uma despesa exagerada do promissário.

[112] ANTUNES VARELA, Ob. til., p. 306.

[113] ANTUNES VARELA, ob. loç ult..cits.

[114] Já se escreveu (GASPERONI, «Impignorabilitá e insequestrabilitá», cit., p. 312) que só podem ser objecto de revogação para tutela dos credores, os prémios pagos nos dois anos anteriores a declaração de falência. No direito português, tudo dependera do instituto em causa.

No segundo grupo – em que o valor a considerar é o que entrou no património do terceiro – englobamos a revogação das doações por ingratidão do donatário e por superveniência de filhos legítimos e os negócios imorais. Pretende-se atacar o benefício recebido pelo terceiro em consideração da sua pessoa ou da situação reprovável que o originou[115].

Dois institutos em que se pode notar facilmente a desproporção entre o «custo» e o valor do benefício, são o seguro e a doação modal.

Na doação «cum modo» sucederá, porventura, que os encargos impostos e cumpridos excedam o valor dos bens doados, não podendo ser atingidos, v.g., pela redução, na parte em que excedam o valor da doação[116].

No seguro de vida a justificação tradicional para a impossibilidade de os credores executarem o montante do seguro é a seguinte: o terceiro adquire imediatamente pelo contrato um direito que nunca esteve no património do promissário e que, como tal, está subtraído à acção dos credores, herdeiros e outros interessados[117].

Por detrás desta ideia está historicamente a função previdencial do seguro de vida, o seu papel de atribuir, firme e incontestadamente, uma certa quantia a uma pessoa dela carecida.

Todavia, esta justificação cobre só o seguro de vida, cuja função é efectivamente, na maioria dos casos, a de assegurar a sobrevivência do beneficiário. Trata-se contudo de um interesse que nem sempre se encontra por detrás de todos os seguros de vida[118] e que, de qualquer modo, deixaria de fora as restantes modalidades dos contratos a favor de terceiro.

Os diversos interesses que estão na base de cada um dos institutos em causa justificam a desigual referência ao custo ou ao valor do benefício.

---

[115] Vd. ANTUNES VARELA ob. loc. ult. cits.
[116] Cf. GUILHERME MOREIRA, ob. cit., n.º 205.
[117] V. supra n.º 18.
[118] Vd. LUCA BUTTARO, « Assicurazione...», R. D. Comm., cit., pp. 14 e segs.

A justificação técnica para o disposto no artigo 450.º do Código Civil está no atrás referido e explicado carácter autónomo do direito do terceiro, direito que nunca existiu no património do promissário.

Problema diverso deste é o da penhorabilidade do benefício no património do terceiro, pelos credores deste. Nada impede esta penhorabilidade, desde que os bens não estejam abrangidos por nenhuma disposição que os declare impenhoráveis[119].

28. Meios de defesa invocáveis pelo promitente perante o terceiro

O direito do terceiro só está sujeito às excepções derivadas do contrato entre promitente e promissário; o promitente só pode, portanto, invocar contra os terceiros os factos resultantes da relação de cobertura[120].

Esta regra geral que é consagrada no direito português pelo artigo 449.º do Código Civil, está também presente na generalidade dos Direitos, mormente naqueles que mais de perto foram fontes do nosso Código[121].

São excluídos, portanto, dois tipos de meios de defesa: *a)* os derivados das relações entre promissário e promitente, e estranhos ao contrato a favor de terceiro; *b)* os baseados na relação de valuta.

A exclusão dos meios de defesa baseados na relação de valuta encontra a sua explicação na própria estrutura do contrato a favor de terceiro. Com efeito, a cláusula a favor de terceiro nada mais representa, em geral, do que dar um destino diverso a uma prestação

---

[119] Vd., por ex., os arts. 821.º e segs. do Código de Processo Civil.

[120] Parece-nos claro que todos os meios de defesa invocáveis perante o terceiro (e só eles) também o serão perante o outro credor, o promissário, quando este exija o cumprimento do convencionado a favor do terceiro. Fazemos referência só ao terceiro por ser o crédito deste o de maior relevo na economia do contrato. O promissário é só credor a favor de terceiro.

[121] Vd. § 334 do BGB e artigo 1413.º do Código Civil italiano (também artigo 4l4.º do Código grego). De entre a doutrina, por rodos, PLANIOL, RIPERT e ESMEIN, ob. cit., n.º 363; HECK, ob. cit., § 49; DISTASO, ob. cit., p. 1031; BARASSI, ob. cit., II, p. 211; MARTY e RAYNAUD, ob. cit., p. 239.

devida ao promissário. Não se quis razoavelmente ir mais longe, não se pretendeu, através do novo destino «a favor de terceiro», introduzir a relação promissário-terceiro no contrato. É de excluir, normalmente, que a causa da aquisição pelo terceiro, a relação entre este e o promissário, passasse a dizer respeito ao promitente. Não se quis, em conclusão, que a mudança da direcção da prestação criasse uma nova causa para o contrato[122].

Haverá, talvez, que acrescentar outras considerações.

Os contratos a favor de terceiro nada mais representam, no fim de contas, do que os extremos de uma cadeia que passa pelo «adiectus solutionis causa» e pelos contratos a favor de terceiro impróprios. Não há dúvida que em nenhuma destas figuras os meios de defesa oriundos das relações entre o destinatário da prestação e o credor são invocáveis pelo devedor (promitente). A simples atribuição de um direito ao destinatário da prestação – que continua estranho ao contrato – bastará para introduzir a relação de valuta na esfera contratual? Cremos que não.

Lembremos, também, o prejuízo que experimentaria o comércio jurídico sempre que o promitente, imiscuindo-se em domínio alheio, invocasse contra o terceiro a relação de valuta. Daqui decorreria uma importante limitação da importância prática dos contratos a favor de terceiro, na medida em que estes estariam sujeitos às contingências de mais uma relação jurídica.

Aliás, a possibilidade de se invocarem os meios de defesa provenientes da relação de valuta acaba por ser danosa para o próprio promitente. Este, se cumprisse, mesmo sem culpa sua, uma prestação desprovida de causa (relação de valuta), não ficaria exonerado perante o promissário[123].

Portanto, se *A* se obriga perante *B* a entregar certa soma a *C* (credor de *B*), a prestação devera ser entregue mesmo que a obrigação de *B* seja inválida. Meio de defesa oponível a *C* será só, por ex., o de obrigação de *A* ter sido extorquida por coacção.

---
[122] HECK, *ob. cit.*, § 49, 8.
[123] VAZ SERRA, *ob. cit.*, p. 175.

Como o conhecimento que o promitente teria da relação de valuta seria normalmente algo deficiente, daqui derivaria para ele uma situação de insegurança,

Passando a outra categoria de meios de defesa, compreender-se-á que o promitente não possa opor ao terceiro os meios de defesa decorrentes das suas relações com promissário, para além do contrato a favor de terceiro. Para chegarmos a esta conclusão bastará entendermos – o que parece razoável – que, ao obrigar-se à prestação a um terceiro, estranho a essas relações, o promitente renunciou implicitamente a elas[124]. O contrato como que é isolado na esfera jurídica do promissário.

As razões que apontámos anteriormente, referentes à certeza do comercio jurídico, também apontam neste sentido.

No caso de o promitente pretender compensar o crédito que o terceiro tem para com ele, com um crédito que ele tem para com o promissário, e para além das razões apontadas, não se verificaria aqui a reciprocidade de créditos indispensável à compensação[125].

Finalmente, poderá o promitente defender-se com elementos oriundos de outras relações com o terceiro? Não nos queremos referir ao poder de disposição que o terceiro tem do seu direito (remissão, por ex.) dentro dos limites consentidos pela estrutura e finalidades do contrato a seu favor e do interesse do promissário[126]. Queremos considerar, neste momento, só os meios de defesa invocáveis pelo promitente contra o terceiro e não decorrentes do contrato a favor desse terceiro. Será o caso, por ex., da compensação entre o crédito do terceiro e outro crédito do promitente contra esse mesmo terceiro.

Temos de partir, também aqui, do principio de que o promissário tem o direito de exigir a entrega efectiva da prestação ao beneficiaria, só ficando o interesse que o levou a contratar satisfeito com essa

---

a que conviria obviar através de excessivas precauções. Logo, haveria referência à relação de valuta, em termos, por ex., de o promitente se obrigar.

[124] BARASSI *ob. cit.*, II, p. 211. Só assim não será se no contrato se faz referência à relação de valuta, nos termos, por ex., de o promitente se obrigara pagar ao terceiro a dívida do promissário para com ele.

[125] VAZ SERRA *ob. tit.*, p. 172.

[125] Sobre esta matéria vd. n.º 1.

entrega[127]. Este interesse pode elidir a pretensão do beneficiário – mas também a do promitente – a outra forma de prestação que não seja o cumprimento pontual, em espécie, do convencionado[128]. Também para estes efeitos, o contrato a favor de terceiro estará como que isolado na esfera jurídica do promitente.

Para além destes limites o promitente pode usar os meios de defesa decorrentes de outras relações, estranhas ao contrato, que o liguem ao beneficiário.

29. O enriquecimento sem causa do terceiro a custa do promissário

O mecanismo que acabamos de descrever referente aos meios de defesa invocáveis pelo promitente pode levar a que a atribuição patrimonial realizada pelo promissário ao terceiro através do promitente, seja desprovida de causa. Suponhamos que a prestação ao terceiro se destina a satisfazer, não só a obrigação assumida pelo promitente perante o promissário, mas também uma outra obrigação que este último assumirá perante o terceiro. Esta obrigação de prestar do promissário perante o terceiro, resultante da relação de valuta, desaparece.

Como a relação de valuta é estranha ao contrato a favor de terceiro – este é, de algum modo, abstracto em relação a ela – e o promitente não pode conhecer dela, a prestação que este realize ao terceiro não é desprovida de causa das relações promitente-terceiro.

Mas já o é nas relações promissário-terceiro, pois representa uma atribuição patrimonial indirecta daquele a este e é esta atribuição que é desprovida de causa. O terceiro enriquece-se, portanto, em causa, à custa do promissário. Haverá que reagir contra esta situação por meio do instituto do enriquecimento sem causa.

---

[127] Vd. n.º 1 (cap. III), para necessárias precisões.
[128] Suponhamos que o objecto da prestação é algo com valor estimativo.

30. Prescrição

A prescrição dos créditos do promissário e do terceiro está submetida ao regime geral dos artigos 298.º e seguintes do Código Civil.

Acerca da prescrição do direito do terceiro há que levar em conta o possível desconhecimento que este tenha, durante um período maior ou menor, do benefício que lhe foi atribuído.

A revogação e a adesão, assente o seu carácter de direitos potestativos, não estão submetidas aos efeitos prescricionais. Os direitos potestativos, pela sua função, fogem à «ratio» da prescrição: esta pretende punir o titular do direito pela sua inércia protraida durante certo lapso de tempo, libertando o sujeito obrigado a um certo comportamento. Nos direitos potestativos não há sujeito obrigado, não existindo, portanto, motivo para tal exoneração Quando a lei estabelece um prazo para o exercício de um direito potestativo, tratar-se-á então de um prazo de caducidade[129].

A revogação e a adesão podem ser submetidas a um prazo de caducidade estabelecido por vontade das partes. Tratar-se-ia de um «spatium deliberandi» se, por exemplo, o contrato previsse um prazo para o terceiro aderir.

31. Extinção

Os contratos a favor de terceiro extinguem-se por qualquer dos modos comuns: confusão, compensação, cumprimento, perdão, remissão, impossibilidade, etc. As diferenças que existem, e das quais nos temos dado conta nos capítulos anteriores, derivam da existência de dois credores, sendo embora os créditos convergentes quanto ao efeito: a prestação ao beneficiário.

Antes da adesão do terceiro, o promissário é o principal senhor da tutela do interesse. Podendo revogar o benefício, pode igualmente convencionar com o promitente uma dação em cumprimento, remitir-

---

[129] Cf. CARIOTA FERRARA, Diritti potestativi, at., p. 358.

-lhe a dívida, aceitar o cumprimento, etc. Os mesmos direitos pertencem ao terceiro em qualquer momento. Depois da sua adesão, o direito de dispor do crédito passa a competir-lhe exclusivamente, restando ao promissário o direito de exigir o cumprimento para o terceiro. Tudo isto é, repetimos, um princípio geral desde que o contrato não se oponha.

Fora do que sucede nos outros contratos, encontramos a revogação e a rejeição. Estas derivam da especial estrutura destes contratos que implicam uma intromissão na esfera jurídica de outrem sem consentimento deste. Permite-se, portanto, ao beneficiário, a rejeição do benefício que não corresponda aos seus interesses; ao autor do benefício a reconsideração deste (a exemplo do que acontece aos negócios unilaterais) antes de haver uma expectativa seria do destinatário.

Tanto a rejeição como a revogação implicam a extinção do vínculo entre o promitente e o beneficiário. Não acarretam necessariamente a destruição da cláusula a favor de terceiro e muito menos de todo o contrato. Tudo dependerá do que resultar da interpretação deste.

No que se refere ao cumprimento, o terceiro pode convencionar com o promitente alterações quanto ao seu lugar, data, etc., desde que o disposto no contrato a tal não se oponha. A mesma faculdade pertence ao promissário antes da adesão do terceiro.

32. Efeitos das circunstancias que impeçam o terceiro de adquirir o direito

Vimos, há pouco, como a invalidade proveniente da falta de causa (de interesse do estipulante) é atenuada frequentemente pela possibilidade de conversão ou de redução do contrato. Há portanto que entender com precaução o princípio geral da teoria do contrato de que a revogação, a rejeição, a nulidade e todas as circunstâncias que operam com eficácia retroactiva apagam o contrato do mundo do direito, reconstituindo a situação jurídica existente antes da celebração do contrato.

Há, antes de mais, que distinguir o contrato a favor de terceiro do contrato – base no qual aquele eventualmente se insere – por hipótese como uma simples cláusula que se limita a desviar, para o terceiro, parte de uma das prestações.

A invalidade do contrato principal acarretará geralmente a da estipulação a favor de terceiro. Porém, a revogação ou rejeição do direito do terceiro – quer este direito seja o objecto principal ou exclusivo de um contrato, quer se integre numa simples cláusula acessória – não significam necessariamente a repristinação das prestações; tal como não implicam forçosamente a reversão da prestação para o promissário ou para o promitente. O mesmo se diga da invalidade do contrato (ou da cláusula) a favor de terceiro.

Poderia parecer que o efeito de todas as circunstâncias que impedissem o terceiro de adquirir deveria ser a nulidade do contrato por impossibilidade originária da prestação ou exoneração do devedor por impossibilidade subsequente da prestação (o direito foi revogado, por ex.). Em ambos os casos, o promitente ficaria exonerado. No entanto, coisa diversa poderia derivar do contrato, devendo a prestação, v.g., ser efectuada ao promissário (seguro de vida a favor de terceiro). No fim de contas, tudo dependeria da interpretação do contrato[130].

Também no Direito alemão se entende ser preferível deixar para a interpretação do negócio a questão de saber se o promissário pode exigir que a prestação lhe seja feita, caso o terceiro não queira ou não possa adquiri-la[131]. Isto sem prejuízo de se estabelecerem normas especiais: o § 168 da lei sobre o seguro faz reverter a prestação para o promissário[132]; na doação modal a favor de terceiro, o que era devido a este reverte para o donatário (§ 531 do Bob).

Já o Direito italiano é mais preciso: a quando da revogação e de codas as outras eventualidades análogas, a prestação reverte para o promissário (artigo 14.º, 3, do Código Civil), salvo se outra coisa

---

[130] Vaz Serra, ob. cit., pp. 158 e segs.
[131] ?Cf. Ennecerus-Lehmann, ob. cit., III, 3.
[132] Vd. Heck, ob. cit., § 49, 10, b.

resultar da vontade das partes ou da natureza do contrato[133]. A doutrina francesa inclina-se também neste sentido[134].

Como justificação desta regra, aponta-se a existência de um contrato válido celebrado entre as partes, absolutamente autónomo perante a validade e a eficácia do contrato a favor de terceiro[135]. Aquele negócio fundamental terá oportunidade de produzir os seus efeitos no caso de ineficácia do contrato a favor de terceiro.

Dada a diversidade de estrutura e de interesses dos contratos a favor de terceiro, não nos parece possível fixar urna norma imperativa. A vontade dos contraentes, as circunstâncias do negócio e os usos do comércio jurídico terão a última palavra.

Todavia, não nos parece arriscado emitir uma presunção «iuris tantum», em termos semelhantes aos do direito italiano. Estamos em crer que, na maioria dos contratos – pela vontade das partes ou pela sua própria estrutura – a prestação deve ser devolvida ao promissário. Trata-se como que de uma redução sistemática dos contratos a favor de terceiro. Em muitos casos, a prestação é desviada do seu destinatário normal – credor-promissario para o terceiro. E o que sucede, por ex., quando *A*, ao vender uma quinta a *B,* convenciona que parte do prego será entregue a *C*.

Nos seguros de vida a favor de terceiro também se tem entendido que, no caso de o terceiro não adquirir o direito, este ficará à disposição do promissário. No seguro a termo este poderá nomear um novo beneficiário ou deixar permanecer o direito no seu património. No seguro de vida «mortis causa» exige-se, por natureza, a existência de um terceiro que poderá ser simplesmente um herdeiro, ou os

---

[133] Para o direito anterior ao Código de 1942 e com solução semelhante, vd. MARCO DE MEIS, «Effeti della revoca dello stipulante e della rinuncia da parte del terzo...», RDC 1927, pp. 645 e segs.

[134] PLANIOL, RIPERT, ob. cit., por ESMEIN, n.º 359; AUBRY e RAU, ob. cit., IV, n.º 342 ter, nota 25; BAUDRY-LACANTINERIE e BARDE, ob. cit., I, n.º 170; DEMOLOMBE, ob. cit., XXIV, n.º 251.

[135] Por todos: MESSINEO, Dott. gen., cit., p. 405; BETTI, Neg. giur., cit., p. 562; MAJELLO, ob. cit., pp. 20 e segs.; DISTASO, ob. cit., pp. 1026-27; MIRABELLI, ob. cit., p. 347. Na Alemanha, REGELSBERGER, ob. cit., pp. 1 e segs, HELLWIG, ob cit., p. 34.

herdeiros em globo, do promissário. Por outras palavras: entende-se que o promissário não estipulou «intuitus personae».

33. O promitente

Este contraente é um normal devedor, se bem que com dois credores pela mesma prestação: um, em benefício próprio (o terceiro); o outro, a favor de outrem (o promissário) – ou em benefício de outrem e de si próprio (contrato com prestação ao promissário e ao terceiro).

Esta dualidade de credores implica uma dualidade de deveres de indemnizar no caso de não cumprimento. O beneficiário sofrerá os normais prejuízos do credor insatisfeito. O promissário poderá sofrer danos de duas ordens. Como qualquer credor, no caso de o contrato prever uma prestação a seu favor. Como promissário, por a prestação não ter sido cumprida ao terceiro, com a consequência de a relação de valuta não ter sido satisfeita, o que lhe terá ocasionado importantes desvantagens.

BIBLIOGRAFIA

ALLARA – *Teoria generale del contrato*, 1955.
«Natura giuridica della obbligazione del fatto altrui», *Rivista di Diritto Commerciale*, 1929.
ANDRADE, Manuel de – *Teoria geral da relação jurídica*, II, 1960.
Teoria geral das obrigações, 2.ª ed.
Revista de Legislação e Jurisprudência, 78.º, p. 375 e segs.
ANSON e BRIERLY – *Principles of english law of contracts*, 19.ª ed., 1947.
ANDREOLI(M.) – *La delegazione*, 1937.
ASCARELLI – «Sul concerto unitario del contratto di assicurazione», *Studi in tema di contrati*, 1952.
ASQUINI – «Contratto di transporto», *Commentario al Codice commerciale coord. da Bolaffio e Vivante*, 1935.
«Del trasporto», Commentario al Codice Civile dir. Amelio e Finzi, 1948.
«Oneri ed obblighi. del destinatario nell contratto di trasporto», *Giurisprudenza Comp. Cassazione Civile*, 1949, I.
AUBRY e RAU – *Cours de Droit Civil français*, IV, 5.ª ed., 1902, 6.ª ed., por BARTIN. 1922
AZZARITI, F. S. e G., MARTINEZ, G. – Diritto Civile italiano, 1943, I.
Sucessioni per causa di morte e donazioni, 4.ª ed., 1963.
BACCIAGALUPI – «Appunti per una teoria del sub-contratto», *Rivista di Diritto Commerciale*, 1943, I.
BÄHR – «Über die sogennante Verträge zu Gunsten Dritter», Jehring Jahrbücher, VI, 1863.
BALBI – *La donazione*, 1964.
«Saggio sulla donazione», *Rivista di Diritto Civile*, 1940.
BARASSI – Teoria generale delle obbligazioni, 2.ª ed., II, 1948.
I diritti reali limitati, 1937.
BARBERO – *Sistema istituzionale del diritto privato italiano*, 3.ª ed., II, 1951.

BAUDOIN – *Le droit civil de la province de Québec*, 1953.
BAUDRY-LACANTINERIE e BARDE – *Des obligations*, 1924, I.
BENEDETTI – *Dal contratto al negozio unilaterale*, 1969.
BETTI – Teoria generale del negozio giuridico, 1960 (3.ª reimp. da 2.ª edição).
BEUDANT (R.), LEREBOURS, PIGEONNONIERE e LAGARDE – *Cours de Drot Civil français*, 1934 ss., IX bis.
BIGIAVI (W.) – *La delegazione*, 1940.
«Accolo e contratto a favore di terzo», *Foro Italiano*, 1942, I.
BIONDI (B.) – *Le donazioni*, 1961.
Le servitù, 1967.
«Servitù reciproche, servitù in faciendo, oneri reali e obbligazioni propter rem», *Giurisprudenza Italiana*, 1952, I.
– «Limiti legali della proprietà, servitù, oneri reali, obbligazioni propter rem, in rapporto all art. 913 cod. civ.», *Il Foro Italiano*, 1950, I.
BISCONTI – «Deposito in nome del terzo e disposizione di ultima voluntà», *Banca, Borsa e Titoli di credito*, 1959, 2.
BLOMEYER (A.) – *Allgemeines Schuldrecht*, 1953.
BOZZI – «Penale Clausola», *Encidopedia Giuridica*, 1901, XIII.
BRUNETTI – *Il delitto civile*, 1906.
Norme e regole finali del diritto, 1913.
BUONCORE – *Le situazioni soggetive dell'azionista*, 1960.
BURDESE – *Servitù prediali*, 1960.
BUSCH – *Doktrine und Praxis über die Gültigkeit von Verträge zu Gunsten ter*, 1860.
BUTTARO (L.) – «Assicurazione sulla vita a favore di terzi e fallimento», *Studi in onore di A. Asquini*, V, 1965.
«Assicurazione sulla vita», *Encidopedia del Diritto*, III.
CANDIAN – «In tema di contratto a favore di terzi», *Il Foro Italiano*, 1926, I.
CAPITANT (A.) – *De la cause des obligations*, 1923.
CAPO – *Il potere di revoca dell stipulante nel contratto a favore di terzi*, s.d.
CARBONNIER (J.) – *Droit Civil*, 4, *Les Obligations*, Paris, 1969.
CARIOTA-FERRARA (L.) – *Il negozio giuridico nel diritto privato italiano*, s.d.
I negozi sul patrimonio altrui, 1936.
«Diritti potestativi, rappresentanza, contratto a favore di terzi», *Rivista di Diritto Civile*, 1960, I.

CARRARO (L.) – *Il mandato ad alienare*, 1947.
CARUSI – *Il negozio giuridico notarile*, 1968.
CASTELLANO (G.) – «Le dichiarazioni inesatte e le reticenze», *Assicurazioni*, 1969, I, p. 144.
CHAMPEAU – *La stipulation pour autrui et ses principales applications*, 1893.
CHESHIRE e FIFFOOT – *The law of contract*, 1964.
CHITTY – *On contracts*, 21.ª ed., 1955, I.
CICALA (R.) – *Il negozio di cessione*, «Accollo», *Encidopedia dei Diritto*, I.
CICU – «Azione di stato», *Enciclopedia del Diritto*. IV.
CIMBALI – «La funzione sociale del contratti e la causa giuridica della loro forza obbligatoria», *Studi di diritto Civile*, 1900.
COLIN, CAPITANT e de la MORANDIÈRE – *Cours élémentaire de Droit Civil français*, II, 8.ª ed., 1935.
Traité de Droit Civil, II, 1959.
COLMET DE SANTERRE – *Cours analytique de droit civil*, 1873-1885.
CORRADO – «Il trasferimento del debito», *Rivista de Diritto Privato*, 1943.
COSTA (M. J. de Almeida) – *Direito das Obrigações*, 1968.
COUDERT – *Recherches sur la stipulation et les promesses pour autrui en droit romain*, 1957.
COVIELLO (N.) – *Della trascrizione*, 1899, II.
COVIELLO Jr. (L.) – «L'art. 1128 cod. civ. e la stipulazione a favore di terzi con contenuto reale», *Il Foro Italiano*, 1935, IV.
CUNHA GONÇALVES (L. da) – *Tratado de Direito Civil*, 1931, IV.
DEIANA – *I motivi nel diritto privato*, 1939.
DEMOLOMBE – *Cours de Code Napoléon*, 1882 ss., XXIV.
DISTASO – *I contratti in generale*, 1966.
DÖLLE – «Neues Handeln in Privatrecht», *Fertschrift F. Schulz*, 1951, II.
DE MARTINI – «Natura del credito del beneficiario di assicurazione sulla vita e sua impignorabilità in sede ordinaria e fallimentare», *Assicurazioni*, 1965, II.
DE MEIS (M.) – «Effetti della revoca dello stipulante e della rinuncia da parte del terzo nel contratto a favore di terzi», *Rivista di Diritto Civile*, 1927.
DEMOGUE – *Traité des Obligations, en Général*, 1923 ss.
DE SEMO – *Istituzioni di diritto privato*, 194.
DI BLARI – *Il libro delle obbligazioni*, 1950.
DONADIO – «Contratto a favore di terzi», *Novissimo Digesto Italiano*, IV.
DONATI – *Trattato dello diritto delle assicurazioni private*, II, 1954.

EHRENZWEIG – *Die sogennante Verträge zu Gunsten Dritter,* 1895.
LEHMANN – *Recht der Schuldverhältnisse,* 1954.
ENRIETTI – *Il contratto per persona da nominare,* 1950.
ESSER – *Schuldrecht, Allgemeimer und Besonderer Teil,* 1960.
FANELLI – «Assicurazioní sulla vita», *Novissimo Digesto Italiano,* I, 2.
FERRARA (F.) – «Sul concetto di negozi astratti e sul loroso giuridico riconoscimento», *Rivista di Diritto Commerciale,* 1904, II.
«La condizione come "modalità accidentali non come fatto accidentale", *Scritti giuridici,* 1954, I.
Trattato di diritto civile, 1921, I.
FERRARA SANTAMARIA – *I contratti a danno dei terzi,* 1939.
FERRI (G.) – *Manuale di diritto commerciale,* 2.ª ed., 1968.
– «Assicurazione per conto nella teoria dei contrati», *Assicurazioni,* 1952, I.
FLUME – *Das Rechtsgeschäft,* 1965.
FLATTET – *Les comtrats pour le compre d'autrui,* 1950.
FOLCO (C.) – «Il diritto del terzo nei contratti a favore di terzi», *Rivista di Direitto Civile,* 1934.
FUNAIOLI (C. A.) – «Sull'impignorabilità dei diritto del beneficiario di assicurazione sulla vita e degli eredi del beneficiario pre-morto», *Assicurazioni.* 1958, II.
GAGNÉ (M.) – *In Travaux de l'Association Henri Capitant,* VII (1952, Montréal), Paris, 1956.
GALVÃO TELLES (I.) – *Dos contratos em geral.* 2.ª ed., 1962.
«Venda obrigatória e venda real», *Revista da Faculdade de Direito de Lisboa,* V.
«Contratos civis», *B M.J.,* 83.
GAREIS – *Die Verträge zu Gunsten Dritter.* 1873.
GASPARI – «Appunti in tema di negozi astratti», *Il Foro Italiano.* 1957, I.
GASPERONI (N.) – «Apposizione di oneri al beneficio nel contratto a favore di terzo», *Studi in onore di Giuseppe Valeri,* I.
«Impignorabilità e insequestrabilità delle somme dovute dall'assicuratore sulla vita all'erede fallito del beneficiario pre-morto», *Rivista di Diritto commerciale,* 1956, II.
Le assicurazioni, 1966.
«Assicurazione sulla vita», *Rivista Trimestrale di Diritto e Procedura Civile,* 1953.
GAUDEMET – *Théorie générale des obligations,* 1937.
GERNHUBER (J.) – «Drittwirkungen im Schuldverhältnis Rraft Leistungsnähe», *Festschrift für Nikisch,* 1958.

GHIROTTI – «Essenza del depósito e contratto a favore di terzi», *Rivista di Diritto Privato*. 1940, II.
GIORGIANI – *L'obbligazione*. 1951.
GIOVENE (A.) – *Dell'eficacia del negozio giuridico rispetto ai terzi*. 1911.
«Il contratto a favore di terzi», *Commentario del Codice Civile D'Amelio*, Obbligazioni, 1948, I.
«L'art 1128 cod. civ. e la stipilazione a favore di terzi con contenuto reale, *Il Foro Italiano*, 1939, IV.
GIRINO (F.) – *Studi in tema di stipulazione a favore di terzi*. 1965.
GOMES (O.) – *Obrigações*, 1961.
GORLA (G.) – «Delle hipoteche», *Commentario all Codice Civile di Scialoja e Branca*.
GRECO – «Delegazione (diritto civile)», *Novissimo Digesto Italiano*, V.
Le società nel sistema legislativo italiano, 1959.
«Delegazione e contratto a favore di terzo», *Il Foro Italiano*, 1931.
«Delegazione», *Novissimo Digesto Italiano*, V.
GROSSO e DEIANA – *Le servitù prediali*. 1963.
GSCHNITZER (F.) – *Schuldrecht – Allgemeiner teil*. 1965.
GUELFI – *Obbligazioni – Parte Generale*, 1908.
GUHL *(T.) – Le droit fédéral des obligations*. 1947 (Trad. de R. des Gouttes).
HECK – *Grundriss des Schuldrechts*. 1929.
HEDEMANN (J. W.) – *Tratado de derecho civil*. III, *Derecho de obligaciones*. 1958.
HELLWIG – *Die Verträge au fLeistung an Dritter,* 1899.
JANUZZI – « L'avvicendamento di una serie di terzi beneficiari nel contratto di trasporto», *Studi in onore d'Asquini*, 1965, II.
JOSSERAND – *Cours de Droit Civil Positif Français*. 1933.
«Le contrar dirigé», *Dalloz Hébdomadaire*, 1933.
«Les dernières étapes du dirigisme contractuel: le contrat forcé et le contrat légal», *ibid.,* 1940.
KÄSER – «Der Vertrag zugunsten Dritter im englischen Recht», *Zeitschrift für ausländisches und internationales Privatrecht*, 1956.
KIRALFY (A. K. R.) – *The civil code and the code of civil procedure of the R. S. F. S. R.-1964*, 1966.
KRELLER – «Mehreit von Gläubigen und Schuldern», *Arquiv für die Civilistische Praxis*, 146.
LAMBERT – *Du contrat en faveur de tiers, son fonctionnement, ses applications actuelles*, Paris, 1893.
La stipulation pour autrui. De la nature du droit conféré au bénéficiaire contre le promettant, Paris, 1893.

LARENZ – *Lehrbuch der Schuldrechts*, I, 8.ª ed., 1967.
LAURENT – *Principes de droit civil français*. XV, 1878.
LISI (L. G. C.) – *Le donazioni*, 1967.
LUPOI (M.) – «I contratti a favore diterzi», *Rivista di diritto commerciale*, 1967, I.
LIMA (J. F.) – *Curso de direito civil brasileiro*, II, *Dos contratos*, 1958.
MAJELLO (U.) – *L'interesse dello stipulanti nel contratto a favore di terzi*, 1962.
 «Il Deposito nell'interesse del terzo», *Studi in onore di A. Asquini*, II.
MALVAGNA – «La teoria del negozio astratto», *Rivista di Diritto Civile*, 1935, I.
MANENTI – «Il contratto di assicurazione sulla vita con designazione di un terzo beneficiario», *Rivista di Diritto Civile*, 1909, I.
 «La stipulazione a favor di terzi e il contratto di trasporto», *Rivista di Diritto Civile*, 1909, I.
MARUITTE – *La notion juridique de gestion d'affaires*, 1931.
MARTY e RAYNAUD – *Droit Civil*, II, 1, *Les obligations*, 1962.
MARINI – «Donazione e contratto a favore di terzi», *Rivista Trimestrale di Diritto e Procedura Civile*, 1967.
MAZEAUD (H. e L.) – *Traité de la responsabilité civile*, I, 6.ª ed., 1965.
MEHREN (A. von) – *in Travaux de l'Association Henri Capitant*, VII (1952, Montréal), Paris, 1956.
MENDONÇA (M. I. Carvalho de) – *Doutrina e Prática das Obrigações*, II, 4.ª ed.
MESSINA – «I concordati di tariffa nell'ordinamento giuridico del lavoro», *Scritti Giuridici*, 1948, IV.
MESSINEO (F.) – «Contratto nei rapporti col terzo», *Enciclopedia del direito*, X.
 Dottrina generale del contratto, 3.ª ed., 1948.
 «Contratto», *Enciclopedia del Diritto*, IX-X.
 Manuale di diritto civile e commerciale, III, 1959.
 Il contrato in genere, I, 1968.
MIRABELLI (G.) – «Causa, oggetto, funzione, interesse», *Archivio Giuridico Filipo Serafini*, 1957.
 Dei contratti in generale. 1958.
MOREIRA (G.) – *Instituições do direito civil português*, II, *Das obrigações*, 2.ª ed., 1925.
NICOLÓ – «Termine essenziale e mora debendi», *Il Foro Italiano*, 1944-6.
 L'addempimento dell'obbligo altrui, 1936.
OSTI – «Contratto», *Nuavo Digesto Italiano*, III.

PACCHIONI (G.) – *I contratti a favore dei terzi*, 1933.
PAGE (H. de) – *Traité élémentaire de droit civil belge*, II, 1934.
PALANDT – *BGB*, 25.ª ed., 1966.
PALEO – *La cessione del contratto*, 1939.
PANUCCIO – *La cessione volontaria dei crediti nella teoria del trasferimento*, 1955.
PERRET – *Des ayant droit à indemnité en cas d'accident mortel*, 1933.
PICARD e BESSON – *Les assurances terrestres en droit français*. I, 2.ª ed., Paris, 1968.
PIGEON (L.-Ph.) – in *Travaux de l'Ass. Henri Capitant*, (VII, 1952, Montréal), Paris, 1956.
PINTO (C. A. da Mota) – *Notas sobre alguns temas da doutrina geral do negócio juridico segundo o novo Código Civil*, Sep. de C.T.F., 1967.
PIRES DE LIMA (F. A.) e ANTUNES VARELA (J. M.) – *Código Civil Anotado*, I, 1967.
PLANIOL, RIPERT, ESMEIN, RADOUANT e GABOLDE – *Traité Pratique de droit civil français*, 2.ª ed. 1954, VII.
POLLOCK – *On contracts*. 30.ª ed., por Winfield, 1950.
PUIG BRUTAU – *Fundamentos de derecho civil*, I, 2, e II, 1, s. d.
RAVAZZONI – *La formazione del contratto – I – Le fasi del procedimento*, 1966.
REDENTI – «La causa del contratto secondo il nostro codice», *Rivista Trimestrale di Diritto e Procedura Civile*, 1950.
REGELSBERGER – «Uber die Verträge zu Gunsten Dritter und über die Schuldübernahme», *Archiv für die Civilistiche Praxis*. 1884.
Relazione al Ministro Guardasigilli del libro del Codice Civile «Delle obbligazioni». 1941.
RESCIGNO – «Accollo», *Novissimo Digesto Italiano*, I.
«L'assunzione dell'obbligo altrui», *Arquivio Giuridico «Filpo Serafini»*, CXLI, 1951.
«Accollo e contratto a favore di terno», *Banca, Borza e Titoli di credito*, 1953.
Studi sull'accollo, 1958.
«Delegazione», *Encidopedia del diritto*. XI.
RIEG (A.) – *Le rôle de la volonté dans l'act juridique en droit civil français et allemand*. 1961.
RIPERT – *Le déclin du droit*, Paris, 1949.
Aspects juridiques du capitalisme moderne, 1951.
RODIÈRE – *Droit des trantports*, 1961.
ROMANO (F.) – *La ratifica nel diritto privato*, 1966.

ROMANO (S.) – *La revoca degli atti giuridici privati,* 1935.
ROQUETTE – *Mietrecht,* 5.ª ed., 1961.
RUBINO – «Delle obbligazioni» (arts. 1285-1320), *Commentario al codice civile de Scialoja e Branca,* 1961.
SALEILLES – *Théorie générale de l'obligation d'après le projet de Code Civil allemand.* 3.ª ed., 1914.
SALVI – «La donazione cum riserva di usufruto», *Studi in onore di Cicu,* 1951, II.
    «Sulla costizione di dote per testamento», *Rivista Trimestrale di Diritto e Procedura Civile,* 1957.
SANTORO-PASSARELLI – «Sulla validità delle donazioni con riserva di usufruto cum premoriar», *Il Foro Italiano,* I.
    Dottrine Generale del diritto civile, 6.ª ed., 1959.
SAVATIER – *Les métamorphoses économiques et sociales du droit civil d'áujourd'hui,* 1952.
SCALFI (G.) – *La promessa del fatto altrui,* 1955.
SCHEGGI – *Lezioni di diritto commerciale,* 1946, III.
SCHLESINGER (P.) – *Il pagamento al terzo,* 1961.
SCISCA (R.) – *I contratti per persona da dichiarare,* 1939.
SCOGNAMIGLIO – «Aspettativa di diritti», *Encidopedia del diritto,* III.
    «Contratti in generale», 1961.
SIBER – *Grundriss des Deutschen Bürgerliches Rechts,* II, *Schuldrecht,* 1928.
SILVA (M. Gomes da) – «Da solidariedade nas obrigações», *Revista da Faculdade de Direito de Lisboa,* IV e V.
SRAFFA – «Contratto a danno dei terzi», *Rivista di diritto Commerciale,* 1903.
STAEHELIN (B.) – *Travaux de L'Ass. Henri Capitant,* VII (1952, Montréal), Paris, 1956.
M. STOLFI – *L'assicurazione sulla vita a favore di terzi,* 1937.
    «Appunti sulla cosidetta successione nel debito», *Revista di Diritto e Procedura Civile,* 1948.
    Appalo. Trasporto, 1961.
STOLFI (N.) e STOLFI (F.) – *Il nuovo Codice Civile commentato,* IV, I, 1949.
    «La promessa di fatto di un terzo», *Rivista di Diritto Commerciale,* 1927.
    «Teoria del negozio giuridico», 1947.
TALAMANCA – «Osservazioni sulla struttura dei negozio di revoca», *Rivista di Diritto Civile,* 1964, I.

TARTUFARI – *Dei contratti a favore di terzi*, 1889.
TEDESCHI – *Il regime patrimoniale della famiglia*, I, 1950.
– «La natura della costituzione di dote da parte dei terzo», *Archivio Giuridico*, CXVII, 1934.
TORRENTE (A.) – *La donazione*, 1956.
TOULLIER (M.) – *Le droit civil français suivant l'ordre du Code*, 1837, VI.
TRABUCCHI – *Istituzioni di direito civile*, 14.ª ed., 1964.
VON THUR – *Tratado de las obligaciones*, II, 1934.
UNGER – «Die Verträge zugunsten Dritter», *Jahrbücher für die Dogmatik des heutigen römischen und deutschen Privatrechts*, X, 1869.
VARELA (J. M. Antunes) – *Ensaio sobre o conceito de modo*, 1955.
Revista de Legislação e jurisprudência, 103.
Lições de Direito das Obrigações, 1967.
VAZ SERRA (A.) Contrato para pessoa a nomear», *Boletim do Ministério da justiça*, 79, 1958.
«Delegação», *ibid.*, 72, 1958.
Pluralidade de devedores ou de credores, Sep. B.M.J. 69 e 70, Lisboa, 1957.

ÍNDICE GERAL

Capítulo I – Conceito, Natureza e Evolução 7
   1. Noção 7
   2. O objecto 11
   3. Classificação 12
   4. Contratos a favor de terceiro com eficácia real 12
   5. Contratos a favor de terceiro com eficácia obrigacional 20
   6. Contratos liberatórios 20
   7. Relação de cobertura e relação de valuta 21
   8. Natureza jurídica 22
   9. I) Teoria da oferta 23
   10. II) Teoria da gestão de negócios 26
   11. III) A teoria da condição 26
   12. IV) Teoria do negócio jurídico unilateral 27
   13. V) Conclusão 27
   14. História e direito comparado 30

Capítulo II – Distinção das Figuras Próximas 43
   1. Contratos a favor de terceiro impróprios 43
   2. Doação com encargos a favor de terceiro e contrato a favor de terceiro 46
   3. Distinção dos contratos de prestação por terceiro 47
   4. Dos contratos a favor e a cargo de terceiro 51
   5. Contratos a favor de terceiro e representação 53

6. Contratos a favor de terceiro e gestão de negócios 57
7. Assunção de dívida e contrato a favor de terceiro 59
8. Delegação, assunção de dívida e contrato a favor de terceiro   65
9. Contrato a favor de terceiro e contrato para pessoa a nomear   67
10. Referência ao seguro por conta de outrem 68
11. Contratos a favor de terceiro e sub-contratos 71
12. Relações que integram o contrato. Noções prévias 72

Capítulo III – Relação Promissário-Prominente 75

1. Direito do promissário ao cumprimento 75
2. Interesse do promissário 82
3. A vontade das partes e o contrato a favor de terceiro 84
4. Causa 88
5. Consequências da falta de interesse do promissário (causa). 90

Capítulo IV – O Terceiro – Relações com os outros Sujeitos 93

1. O terceiro como credor 93
2. Aquisição do direito pelo terceiro. Designação do beneficiário 94
3. Capacidade. Terceiro indeterminado e futuro 96
4. Imposição de obrigações e de ónus ao beneficiário 101
5. Adesão 107
6. Rejeição 111
7. Direito de revogação 113
8. Natureza 115
9. Titular do direito 116
10. Revogação pelos credores 116
11. Renúncia ao direito de revogação 117
12. Prorrogação 119
13. Limitação ao poder de revogar 120
14. Transferência do direito 121

15. Efeitos 125
16. Forma das declarações de revogação e de renúncia 127
17. Estados de sujeição 128
18. Momento da aquisição do direito pelo terceiro. Autonomia do direito 129
19. Contratos a favor de terceiro «mortis causa» 131
20. Transmissão do direito do terceiro 136
21. Os créditos concorrentes do promissário e do terceiro 139
22. Garantias 141
23. Meios conservatórios do direito do terceiro 141
24. Direitos no caso de não cumprimento 143
25. Responsabilidade do promissário pelo não cumprimento 144
26. Outros direitos no caso de invalidade ou não cumprimento . 146
27. O artigo 450.º do Código Civil 150
28. Meios de defesa invocáveis pelo promitente perante o terceiro 154
29. O enriquecimento sem causa do terceiro à custa do promissário 157
30. Prescrição 158
31. Extinção 158
32. Efeitos das circunstâncias que impeçam o terceiro de adquirir o direito 159
33. O promitente 162